'26

別冊 最新時事 対策BOOK

これだけ! 教員採用試験
一般教養 [要点まとめ&一問一答]

01 社会に関すること

新型コロナウイルスの5類移行までの流れを押さえておこう。

1. 新型コロナウイルス感染症の 5 類移行 ◀ 重要

- 2020（令和 2）年より世界で流行が確認された<u>新型コロナウイルス感染症</u>は、政治・経済・教育などの多くの面で影響を及ぼした。
- 日本の学校では 2020 年 3 月より<u>全国一斉休校</u>が始まり、最長で約 3 か月に及んだ。同年 4 月には「<u>緊急事態宣言</u>」が初めて発出され、2021（令和 3）年 9 月までに、東京都などで計<u>4</u>回発出された。
- 2023（令和 5）年 5 月、感染症法による位置づけが「新型インフルエンザ等感染症（2 類相当）」から「<u>5 類</u>」に変更された。

2. 旧統一教会に対する解散命令請求 ◀ 重要

- 2022（令和 4）年、選挙の応援演説中だった<u>安倍晋三元首相</u>が銃撃された事件を機に、<u>旧統一教会</u>（世界平和統一家庭連合）と政治家との接点や、高額献金の被害が問題化した。
- 宗教団体の信者を親にもち、その教えを受けて育った子ども「<u>宗教 2 世</u>」への信仰の強要や虐待の被害も報告された。2023（令和 5）年 10 月、文部科学省が旧統一教会の<u>解散命令</u>を東京地方裁判所に請求。同年 12 月、被害者救済法が成立した。

3. マイナンバーカードと保険証一体化

- 2023（令和 5）年 12 月、岸田文雄首相は、健康保険証を 2024（令和 6）年秋に廃止し、マイナンバーカードを保険証として使う「<u>マイナ保険証</u>」へと移行する方針を表明した。

4. 成人年齢の引き下げ

- 成人年齢を <u>18 歳</u>とする<u>改正民法</u>が 2018（平成 30）年 6 月に成立し、2022（令和 4）年 4 月 1 日より施行された。18 歳、19 歳も成人となり、保護者の同意不要で携帯電話やローンの契約などが行えるようになった。

- 女性の<u>婚姻開始年齢</u>が 16 歳から <u>18 歳</u>に引き上げられた。なお、飲酒や喫煙、競馬・競輪などは現行どおりの 20 歳以上のまま。

5. Society 5.0

- 狩猟社会（Society 1.0）、農耕社会（Society 2.0）、工業社会（Society 3.0）、情報社会（Society 4.0）に続く、めざすべき未来社会の姿として、「<u>Society 5.0</u>」が内閣府より提唱されている。

- 「Society 5.0」とはサイバー空間（仮想空間）とフィジカル空間（現実空間）を高度に融合させるシステムにより実現する社会のことであり、すべての人とモノがつながる「<u>IoT（Internet of Things）</u>」や、人工知能（<u>AI</u>）、<u>ロボット</u>などがその基幹技術となる。多様な知識や情報を共有し、新たな価値を生み出すことで、さまざまな課題や困難を克服することがめざされている。

6. 持続可能な開発目標（SDGs） ◀重要

- <u>SDGs</u> とは持続可能な開発目標（Sustainable Development Goals）の略称。「誰一人取り残さない」持続可能で多様性と包摂性のある社会の実現をめざすために設定された、2030（令和 12）年までに達成すべき国際目標。「貧困をなくそう」「ジェンダー平等を実現しよう」「気候変動に具体的な対策を」など、<u>17</u> のゴールと <u>169</u> のターゲットから構成されている。

02 政治に関すること

岸田内閣の政策や選挙関連の話題に要注目。

1. 岸田内閣による政策 ◀ 重要

- 2023（令和5）年9月、**内閣改造**が行われ、第2次岸田第2次改造内閣が発足。女性の入閣は過去最多に並ぶ5人となった。

- ロシアによるウクライナ侵攻などを踏まえ、2023年度予算の**防衛費**は過去最大の約6兆8000億円となった。防衛費の増額は11年連続。政府は、2023年度から2027（令和9）年度までの5年間で、総額43兆円程度を防衛費に充てる方針を掲げた。

- 加速する少子化への対応として岸田首相は「**異次元の少子化対策**」を掲げ、その実現のために「**こども未来戦略方針**」を閣議決定した。2022（令和4）年の出生数は統計開始以来最少の約**77万人**で、初めて80万人を下回った。1人の女性が生涯に産む子どもの数を表す「**合計特殊出生率**」も過去最低水準の1.26だった。

- 2023（令和5）年4月、総理大臣直属の機関として**こども家庭庁**が発足。これまで複数省庁にまたがっていた、子どもに関する行政事務の一元化がねらい。すべての子どもが健やかに成長し、権利が守られる社会の実現をめざす「**こども基本法**」も施行された。

2.「LGBT理解増進法」成立

- 2023（令和5）年6月、性的マイノリティーへの理解を広めるための「**LGBT理解増進法**」が国会で成立。国や自治体、企業、学校などに対し、性的マイノリティーに対する理解の増進や啓発、環境の整備、相談の機会の確保などを努力義務として定めた。

3. 「認知症基本法」成立

- 2023（令和5）年6月、「認知症基本法」が国会で成立。認知症の人が尊厳を保持しつつ希望をもって暮らすため、国や地方公共団体に認知症施策を策定・実施する責任があるとした。

4. 一票の格差問題

- 日本の選挙制度では「一票の格差」が生じており、「法の下の平等」に抵触する疑いがある。これを是正するため、衆議院選挙において、各都道府県の人口に応じた議席を分配する「アダムズ方式」が2022（令和4）年の衆議院選挙から適用された。
- 同年11月の公職選挙法の一部改正により、東京都、神奈川県、埼玉県、千葉県、愛知県で小選挙区が合計10増え、宮城県、新潟県、広島県など10の県で一つずつ減ることが決定（10増10減）。

5. 選挙年齢の引き下げ

- 2014（平成26）年に一部改正された国民投票法で、国民投票の投票年齢が20歳以上から18歳以上に引き下げられ、2018（平成30）年6月21日より施行された。これにより、高校生も憲法改正に必要な国民投票への参加が可能となった。

●覚えておきたい時事英語・略語

PISA：国際学習到達度調査／refusal to attend school：不登校
FOMO：SNS依存症／physical distance：フィジカルディスタンス
Global and Innovation Gateway for ALL：GIGA（ギガ）スクール構想
market value：市場価格／consumption tax hike：消費税増税
normalization of diplomatic relations：国交正常化
deregulation：規制撤廃／finite resources：限りある資源
bilateral relationship：二国間関係

03 経済に関すること

金融、経済政策など、国内外の経済状況を把握しておこう。

1. アジアインフラ投資銀行（AIIB）

- 2013（平成25）年10月の <u>APEC 首脳会議</u>において、中国国家主席の<u>習近平</u>が「<u>AIIB</u>（アジアインフラ投資銀行）」の設立を提唱。
- アジア各国のインフラ整備を支援するための国際開発金融機関で、2015（平成27）年に正式に設立された。2023（令和5）年9月現在、日米は非加盟だが、加盟国は109か国・地域に広がっている。

2. 急速な円安と日本銀行の動き

- 2022（令和4）年9月、政府と<u>日本銀行</u>は、急激な為替変動を抑えるため<u>為替介入</u>（外国為替市場介入）を実施。同年10月、円相場は一時1ドル＝<u>150</u>円台まで下落。バブル期の1990（平成2）年8月以来、約32年ぶりに<u>円安</u>水準を更新した。2023（令和5）年10月にも一時1ドル＝150円台まで下落。
- <u>異次元金融緩和</u>を行った黒田東彦氏に代わり、2023（令和5）年4月、日本銀行総裁に<u>植田和男</u>氏が就任した。

3. アベノミクスから「新しい資本主義」へ ◀重要

- 岸田首相は「コロナ後の新しい社会の開拓」をコンセプトとした「<u>新しい資本主義</u>」を掲げ、「<u>科学技術立国の推進</u>」「<u>スタートアップの徹底支援</u>」「<u>デジタル田園都市国家構想の起動</u>」「<u>経済安全保障の推進</u>」の4分野で成長戦略を練り、元首相の安倍晋三氏が掲げた「<u>アベノミクス</u>」に代わる経済対策を示した。

4. TOB

- **株式公開買付け**のこと。証券取引所などでの**市場売買**ではなく、買い取る期間や株数、価格などの買い付け条件を公表し、**株主**から直接買い集める手法である。企業を買収する場合や合併・子会社化など企業再編の際に利用されることが多い。

5. インボイス制度 ◀重要

- 2023（令和5）年10月、「**インボイス**（適格請求書）制度」が開始。事業者間の請求書や領収書に登録番号や、10％の標準税率と8％の**軽減税率**を区分した適用税率などの記載が必要となった。
- 消費税納税を免除されていた年間売り上げ**1000万円**以下の事業者も、制度利用のためには消費税を納税する必要がある。

●覚えておきたい経済用語

> NISA：株式や投資信託への投資において、年間120万円までの非課税投資枠を設ける制度。2024（令和6）年1月より、年間投資枠の拡大、口座開設期間の恒久化などを含む新NISA制度が開始。
>
> TPP11：アジア太平洋地域において高い水準の自由化を目標とし、関税撤廃や非課税分野などを含む包括的な経済連携協定。
>
> EPA：2以上の国（または地域）の間で締結された経済連携協定。将来的な関税撤廃に加え、投資、人の移動、知的財産の保護など貿易以外の分野でも協力関係を結んだ。
>
> GAFAM：Google、Apple、Facebook、Amazon、Microsoftという米国のIT大手企業の頭文字からの造語。（2021年、FacebookはMetaに社名変更）
>
> FinTech（フィンテック）：Finance（金融）とTechnology（技術）を掛け合わせた造語。生体認証決済やスマートフォンを用いた送金などのITを使った金融サービスを指す。
>
> MMT：現代貨幣理論。自国通貨をもっている国はどれだけ借金をしても、返済分を発行できるため財政破綻しないという理論。

04 国際情勢に関すること

各国間の関係だけでなく原子力関連も出題傾向が高い。

1. 世界で相次ぐ紛争 ◀重要

- 2022（令和4）年2月、ロシアの**プーチン**大統領は「特別軍事作戦」の実施を宣言し、**ウクライナ**への軍事侵攻を開始した。ウクライナに対し、**北大西洋条約機構**（NATO）に加盟しないことの確約などを求めている。ウクライナの**ゼレンスキー**大統領は欧米の軍事支援を受け抵抗する姿勢を見せ、激しい攻防が続いている。
- 2023（令和5）年10月、パレスチナ自治区の解放を訴えているイスラム組織「**ハマス**」が**イスラエル**に大規模攻撃を行った。イスラエル軍は報復としてパレスチナ・**ガザ**地区への空爆を強め、両者の対立は激化。民間人を含む多数の死者が出ている。

2. G7広島サミット ◀重要

- **G7サミット**（主要国首脳会議）とは、フランス、米国、英国、ドイツ、日本、イタリア、カナダの**7**か国及び**EU**の首脳による国際会議。2023（令和5）年は日本が議長国となり、**広島**で開催された。

●核に関する条約と監視機関

核兵器不拡散条約（NPT）：非核保有国への核兵器輸出や生産援助などを禁止する条約。

包括的核実験禁止条約（CTBT）：核爆発を伴う実験を禁止する条約。

国際原子力機関（IAEA）：原子力の平和利用を促進し、軍事利用されぬよう監視する機関。1957（昭和32）年の創設時より日本は指定理事国である。

核兵器禁止条約（TPNW）：核兵器の開発や保有、使用などを全面的に禁止する国際条約。日本は参加していない。

05 自然災害に関すること

近年発生した地震や台風の被害についても押さえておこう。

1. 各地で起こる地震災害 ◀ 重要

- 2024（令和6）年1月1日、石川県の<u>能登半島</u>を震源にマグニチュード7.6（最大震度7）の大地震が発生。住宅倒壊・火災、地盤災害、津波被害をはじめとした甚大な被害が確認されている。

- これまでにも、2011（平成23）年3月11日の<u>東日本大震災</u>（最大震度7）、2016（平成28）年4月14日の<u>熊本地震</u>（最大震度7）、2018（平成30）年9月6日の<u>北海道胆振東部地震</u>（最大震度7）、2021（令和3）年2月13日／2022（令和4）年3月16日の<u>福島県沖地震</u>（いずれも最大震度6強）など、大きな地震災害が頻発している。

- 今後は、<u>南海トラフ地震</u>も予想されている。これは静岡県の駿河湾から九州東方沖まで全長約700kmにわたる海底のくぼみ「南海トラフ」で起きると考えられている地震。

2. 世界的な異常気象

- 気象庁は、2023（令和5）年<u>7〜9</u>月の日本の平均気温が1898（明治31）年の統計開始以来、最も高くなったと発表した。WMO（世界気象機関）は、2023年1月から10月までの世界の平均気温が1850〜1900年の基準に比べ約1.4℃高くなったと発表。通年でもこれまでの歴代最高だった<u>2016年</u>を上回る見込みとした。

- 世界的な異常気象を背景に、氷河の融解による<u>海面上昇</u>、各地の記録的な高温、<u>洪水</u>などが多数報告された。カナダでは例年<u>山火事</u>が頻発しているが、2023（令和5）年の焼失面積は約18万5000km² にのぼり、過去最悪となった。

• 06 科学・エネルギーに関すること •

進化の著しい分野だけに、新しい用語を中心に確実に理解しておこう。

1. 生成 AI ◀重要

- 生成 AI とは、大量のデータを学習し、指示に応じて文章、画像、音声などを生成することができる<u>人工知能</u>の一種。従来の AI と異なり、<u>新たなコンテンツ</u>を作成することも可能。
- 作業の効率化などにつながる一方、犯罪への悪用や、<u>著作権侵害</u>などのリスクも指摘されている。2023（令和5）年7月、文部科学省は、生成 AI の利用に関する暫定的な<u>ガイドライン</u>を発表した。

2. 福島原発の処理水放出

- 2011（平成23）年の東日本大震災の津波被害を受けた<u>福島第一原子力発電所</u>内で、高濃度の<u>放射性物質</u>を含む汚染水が発生している。この水を専用の設備「ALPS（アルプス）」で浄化処理し保管してきた。保管容量が限界に達したため、大量の海水で薄めたうえで 2023（令和5）年8月より段階的に<u>海洋放出</u>されている。

●覚えておきたい科学・エネルギー用語

> **バイオマス**：動植物由来の再生可能エネルギーや資源のことを指す。木材、海草、生ゴミ、紙、プランクトンなど。
> **バイオエタノール**：木材やトウモロコシ、サトウキビなどのバイオマス材料から製造されるエタノール。
> **メタンハイドレート**：天然ガスの主成分である「メタンガス」が水分子と結びつくことでできた、氷状の物質のこと。火をつけると燃えるため、「<u>燃える氷</u>」とも呼ばれている。

京都議定書を起点とした環境対策の流れを把握しておこう。

1. 京都議定書・パリ協定 <重要>

- 1997（平成9）年、京都に世界各国の代表者が集まり、「**国連気候変動枠組条約第3回締約国会議**（COP3：Third session of the Conference of the Parties）」を開催。温室効果ガスの排出削減目標（日本はマイナス6％）を定めたものが**京都議定書**である。

- 2015（平成27）年にパリで開催された**COP21**では、温室効果ガス排出削減のための国際枠組み「**パリ協定**」が採択された。2023（令和5）年には、アラブ首長国連邦のドバイで**COP28**が開催された。

- 環境汚染を招いたり気候を混乱させたりする廃棄物を排出しないエンジンやしくみ、またはその他のエネルギー源を**ゼロ・エミッション**という。最近では**廃棄物排出ゼロ**をめざすことも指す。

2. レジ袋有料化

- **プラスチックごみ削減**などを目的として、2020（令和2）年7月1日から開始されたレジ袋有料化制度。すべての事業者はプラスチック製の**レジ袋を有料化**（2〜5円）することが義務となった。

●注目人物

グレタ・トゥーンベリ：地球温暖化防止を訴えるスウェーデンの環境活動家。政府の無策に抗議するため、学校を休み単独で、国会議事堂前で気候危機の影響を訴えた。2019（令和元）年9月には**気候行動サミット**に参加して演説を行い、**ノーベル平和賞候補**にも選出された。

08 宇宙開発に関すること

日本の宇宙開発だけでなく、海外との共同事業なども押さえよう。

1. 民間企業による宇宙開発

- 近年、<u>民間企業</u>主導での宇宙開発が盛んになっている。<u>NASA</u>（米国航空宇宙局）は、民間企業との協業を進めている。
- 米国の起業家<u>イーロン・マスク</u>氏が設立したロケット開発会社「スペースX」は、民間宇宙船「<u>クルードラゴン</u>」や、通信衛星「スターリンク」の打ち上げを行った。

2. 小惑星探査機はやぶさ2 　重要

- 小惑星<u>イトカワ</u>から表面サンプルを持ち帰った「<u>はやぶさ</u>」の後継機。今度は地球から約3億km離れた小惑星<u>リュウグウ</u>の撮影画像や内部の砂や石の採取にチャレンジした。
- 2019（令和元）年11月にリュウグウを出発し、2020（令和2）年12月に<u>回収カプセル</u>が地球に帰還した。

●覚えておきたい宇宙開発用語

ISS：地上から約400km上空に建設された巨大な有人実験施設「国際宇宙ステーション」のこと。日本は「きぼう」という実験棟を開発し参加している。

小惑星<u>イトカワ</u>：太陽系の小惑星であり、大きさは最長部約535m、最短部約209m。たくさんの岩の塊があり、最大のもので約50mの長さがあるという。

JAXA：宇宙航空研究開発機構の略。「輸送システムの研究開発と運用」「人工衛星で宇宙から地球を守る・利用する」などが主な取り組み内容。

09 ノーベル賞に関すること

日本の受賞者とその受賞理由をセットで覚えておこう。

1. ノーベル賞のはじまり

• スウェーデンに生まれた<u>アルフレッド・ノーベル</u>は、鉄工所であったボフォース社を兵器メーカーへと変容させ、<u>ダイナマイト</u>の開発で成功を収めた。遺言状の中で<u>ノーベル賞</u>を創設することを記し、1901（明治 34）年から授与が始まった。

●日本のノーベル賞受賞者（2023 年 11 月現在） 重要

受賞年	受賞者	部門	受賞理由
1949 年	湯川秀樹	物理学賞	中間子の存在を予想し、素粒子理論の基礎を構築した。
1965 年	朝永振一郎	物理学賞	くりこみ理論で量子電磁力学分野を発展。
1968 年	川端康成	文学賞	『雪国』『伊豆の踊子』で日本の美学や心を表現。
1973 年	江崎玲於奈	物理学賞	新半導体「エサキ・ダイオード」を発明。
1974 年	佐藤栄作	平和賞	非核三原則の宣言などで平和に貢献。
1981 年	福井謙一	化学賞	フロンティア電子軌道理論の開拓。
1987 年	利根川進	生理学・医学賞	抗体の多様性に関係した遺伝的原理の発見。
1994 年	大江健三郎	文学賞	『飼育』『万延元年のフットボール』などで魂の救済を描く。

2000 年	白川英樹	化学賞	プラスチックの不通電性を覆し、導電性高分子の発見と開発。
2001 年	野依良治	化学賞	キラル触媒による不斉合成の研究。
2002 年	小柴昌俊	物理学賞	宇宙ニュートリノを検出し、この分野の先駆けとなった。
2002 年	田中耕一	化学賞	生体高分子の同定および構造解析のための手法の開発。
2008 年	小林誠・益川敏英	物理学賞	CP対称性の破れの発見。
2008 年	南部陽一郎	物理学賞	自発的対称性の破れの発見。
2008 年	下村脩	化学賞	オワンクラゲの緑色蛍光タンパク質（GFP）の発見と開発。
2010 年	鈴木章・根岸英一	化学賞	パラジウム触媒クロスカップリングの開発。
2012 年	山中伸弥	生理学・医学賞	さまざまな細胞に成長できるiPS細胞を作製。
2014 年	赤﨑勇・天野浩・中村修二	物理学賞	青色発光ダイオードを発明。
2015 年	大村智	生理学・医学賞	線虫の寄生で起こる感染症の治療法を発見。
2015 年	梶田隆章	物理学賞	ニュートリノ振動を発見。
2016 年	大隅良典	生理学・医学賞	オートファジー（自食作用）の解明。
2017 年	カズオ・イシグロ	文学賞	個と世界の結びつきを問いかける世界観を小説で表現。
2018 年	本庶佑	生理学・医学賞	免疫を抑制する働きのある新細胞 PD-1 を発見。
2019 年	吉野彰	化学賞	高性能のリチウムイオン電池の開発。
2021 年	眞鍋淑郎	物理学賞	二酸化炭素の温暖化への影響を実証。

※他国籍者も含む。
※日本人が未受賞なのは「経済学賞」。

10 世界遺産に関すること

日本の世界遺産をチェックしよう。

●日本の世界遺産（2023 年 11 月現在）　重要

登録年	世界遺産	都道府県
1993年	法隆寺地域の仏教建造物	奈良県
	姫路城	兵庫県
	屋久島	鹿児島県
	白神山地	青森県・秋田県
1994年	古都京都の文化財	京都府・滋賀県
1995年	白川郷・五箇山の合掌造り集落	岐阜県・富山県
1996年	原爆ドーム	広島県
	厳島神社	広島県
1998年	古都奈良の文化財	奈良県
1999年	日光の社寺	栃木県
2000年	琉球王国のグスクおよび関連遺産群	沖縄県
2004年	紀伊山地の霊場と参詣道	三重県・奈良県・和歌山県
2005年	知床	北海道
2007年	石見銀山遺跡とその文化的景観	島根県
2011年	小笠原諸島	東京都
	平泉-仏国土（浄土）を表す建築・庭園および考古学的遺跡群	岩手県
2013年	富士山-信仰の対象と芸術の源泉	静岡県・山梨県
2014年	富岡製糸場と絹産業遺産群	群馬県
2015年	明治日本の産業革命遺産 製鉄・製鋼、造船、石炭産業	岩手県・静岡県・山口県・福岡県・熊本県・佐賀県・長崎県・鹿児島県
2016年	国立西洋美術館本館※	東京都
2017年	「神宿る島」宗像・沖ノ島と関連遺産群	福岡県
2018年	長崎と天草地方の潜伏キリシタン関連遺産	長崎県・熊本県
2019年	百舌鳥・古市古墳群-古代日本の墳墓群	大阪府
2021年	奄美大島、徳之島、沖縄島北部および西表島	鹿児島県・沖縄県
	北海道・北東北の縄文遺跡群	北海道・青森県・岩手県・秋田県

※ 7か国（日本・フランス・アルゼンチン・ベルギー・ドイツ・インド・スイス）にまたがる「ル・コルビュジエの建築作品－近代建築運動への顕著な貢献－」の構成資産の一つ。

●11 エンターテインメントに関すること●

エンタメ分野の作品や人物、新たな動きについても押さえておこう。

●日本の主なアカデミー賞受賞者・受賞作品（2023年11月現在）重要

受賞年	受賞作品・受賞者	受賞部門	人物・作品等
1952年	『羅生門』	名誉賞	黒澤明監督
1955年	『地獄門』	名誉賞	衣笠貞之助監督
	和田三造	衣装デザイン賞	『地獄門』
1956年	『宮本武蔵』	名誉賞	稲垣浩監督
1958年	ナンシー梅木	助演女優賞	『サヨナラ』
1976年	『デルス・ウザーラ』	外国語映画賞 ※旧ソ連作品	黒澤明監督
1986年	ワダ・エミ	衣装デザイン賞	『乱』
1988年	坂本龍一	オリジナル作曲賞	『ラストエンペラー』
1990年	黒澤明	名誉賞	
1999年	伊比恵子	短編ドキュメンタリー映画賞	『ザ・パーソナルズ』
2003年	『千と千尋の神隠し』	長編アニメ映画賞	宮崎駿監督
2009年	『おくりびと』	外国語映画賞	滝田洋二郎監督
	『つみきのいえ』	短編アニメ賞	加藤久仁生監督
2014年	宮崎駿	名誉賞	
2018年	辻一弘	メイクアップ＆ヘアスタイリング賞	『ウィンストン・チャーチル／ヒトラーから世界を救った男』
2020年	カズ・ヒロ （旧名：辻一弘）	メイクアップ＆ヘアスタイリング賞	『スキャンダル』
2022年	『ドライブ・マイ・カー』	国際長編映画賞※	濱口竜介監督

※2020年より、「外国語映画賞」は「国際長編映画賞」に名称変更。

12 文学に関すること

芥川賞・直木賞の受賞者を中心に、作品名とあわせて押さえておこう。

●主な芥川賞・直木賞受賞者と受賞作 （2023 年 11 月現在） 重要

受賞年	受賞者	受賞作・賞名
1935 年上半期	石川達三	『蒼氓』（第 1 回芥川賞）
	川口松太郎	『鶴八鶴次郎』『風流深川唄』ほか（第 1 回直木賞）
1949 年下半期	井上靖	『闘牛』（第 22 回芥川賞）
1952 年下半期	松本清張	『或る「小倉日記」伝』（第 28 回芥川賞）
1955 年下半期	石原慎太郎	『太陽の季節』（第 34 回芥川賞）
1957 年下半期	開高健	『裸の王様』（第 38 回芥川賞）
1976 年上半期	村上龍	『限りなく透明に近いブルー』（第 75 回芥川賞）
1981 年下半期	つかこうへい	『蒲田行進曲』（第 86 回直木賞）
1996 年下半期	辻仁成	『海峡の光』（第 116 回芥川賞）
2003 年下半期	綿矢りさ	『蹴りたい背中』（第 130 回芥川賞）
	金原ひとみ	『蛇にピアス』（第 130 回芥川賞）
2021 年下半期	砂川文次	『ブラックボックス』（第 166 回芥川賞）
	今村翔吾	『塞王の楯』（第 166 回直木賞）
	米澤穂信	『黒牢城』（第 166 回直木賞）
2022 年上半期	高瀬隼子	『おいしいごはんが食べられますように』（第 167 回芥川賞）
	窪美澄	『夜に星を放つ』（第 167 回直木賞）
2022 年下半期	井戸川射子	『この世の喜びよ』（第 168 回芥川賞）
	佐藤厚志	『荒地の家族』（第 168 回芥川賞）
	小川哲	『地図と拳』（第 168 回直木賞）
	千早茜	『しろがねの葉』（第 168 回直木賞）
2023 年上半期	市川沙央	『ハンチバック』（第 169 回芥川賞）
	垣根涼介	『極楽征夷大将軍』（第 169 回直木賞）
	永井紗耶子	『木挽町のあだ討ち』（第 169 回直木賞）

これだけ！ 教員採用試験

一般教養
要点まとめ&
一問一答

小泉博明・宮崎猛　監修

はじめに

　教員は、知識の豊富さよりも、まず第一に人間性が問われます。しかし、教養がなければ、人間性や知性を磨き、高めていないと見なされます。教養とは culture であり、語源的にいえば、cultivate（耕す）からきています。土地を耕し、作物を育てることから、心を耕すという意味になりました。このように考えると、教員にとって教養は極めて重要であることがわかります。

　さて、「一般教養」の筆記試験は、多くの全国自治体の教員採用試験で実施されています。その意味では教員になるためには避けて通れない試験とも言えます。とはいえ、教員採用試験において最重要な分野でないことも事実です。こうした観点から本書は「一般教養での合格点を確保する」ことを目的に構成されています。掲載する分野・テーマは「これだけ！」という頻出項目に絞り、頻出度順に掲載して短期間で効率よく、「一般教養」の学習が進められるよう、わかりやすい表現を心がけています。むろん、ここに掲載されている内容は、教員にとって必要不可欠な教養ばかりです。すべての内容が自分のものにできるようになるまで、付属の「赤チェックシート」を使って、繰り返し学習することをおすすめします。

　インターネットを通して、いつでも知識を得ることができるようになりました。それでも「先生に聞けばわかる」という安心感は計り知れないものがあります。ネット上から簡単に入手できる情報はそれだけでは価値がありません。情報の意味や価値の解釈をするのが教師の役割です。そのためには基盤となる幅広い教養が必要になるでしょう。試験のための勉強に留まらず、教師になったときの自分の姿を思い浮かべ、本書に取り組んでいただきたいと願います。

　なお、姉妹書の『これだけ！教員採用試験　教職教養　［要点まとめ＆一問一答］』もあわせて、活用されることを期待します。本書を手に取ったあなたの合格を祈念いたします。

編者

本書の特長と使い方

本書は、近年の教員採用試験「一般教養」の問題を分析し、
出題率の高い項目を厳選して掲載。さらに、学習項目の要点を
まとめているので、効率的に学習することができます。

分野・頻度度・学習項目

頻出度は、出題率が高い項目から
「A」「B」「C」と記しています。

ポイント

試験で出題されやすい内容や、
攻略ポイントを掲載しています。

重要

さまざまな自治体で多く
出題されている内容です。
最初に押さえておきましょう。

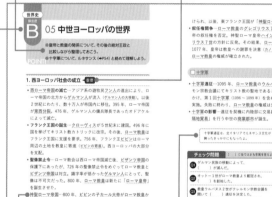

世界史
B 頻出度
05 中世ヨーロッパの世界

- 皇帝と教会の関係について、その後の絶対王政と
比較しながら整理しておこう。
- 十字軍について、ルネサンス（→P54）と絡めて理解しよう。

1. 西ヨーロッパ社会の成立 重要

- 西ローマ帝国の滅亡…アジアの遊牧民フン人の進出により、ローマ帝国の北方からゲルマン人が流入（ゲルマン人の大移動）。以後2世紀にわたり、数十万人が帝国に移住。395年、ローマ帝国が東西分裂。476年、ゲルマン人の傭兵隊長であったオドアケルによって滅亡。
- フランク王国の誕生…クローヴィスが5世紀末に建国。496年に国を挙げてキリスト教うトリックに改宗。以後、ローマ教会はフランク王国に支援を要求。756年、フランク王ピピンはローマ周辺の土地を教皇に寄進（ピピンの寄進）。西ヨーロッパの大部分を支配。
- 聖像禁止令…ローマ教会は西ローマ帝国滅亡以後、ビザンツ帝国の保護下にあったが、726年の聖像禁止令をめぐってローマ教皇とビザンツ帝国は対立。識字率が低かったゲルマン人にとって、聖像は不可欠だった。800年、ローマ教皇は新たに「ローマ皇帝」を誕生させた。
- 神聖ローマ帝国…800年、ピピンの子カール大帝がローマ教皇から戴冠されて西ローマ帝国が復活。9世紀半ば、フランク王国は、フランスの元となった西フランク王国、イタリアの元となったイタリア王国、ドイツの元となった東フランク王国に分裂。特に東フランク王のオットー1世はローマ教皇からローマ皇帝の冠を授

けられて、以後、東フランク王国が「神聖ローマ帝国」となった。
- 叙任権闘争…ローマ教皇のグレゴリウス7世は諸侯や国王、皇帝の叙任権を否定。神聖ローマ皇帝ハインリヒ4世は、グレゴリウス7世の方針に反発。その結果、ローマ教皇は皇帝を破門。1077年、皇帝は教皇への謝罪を決意（カノッサの屈辱）。その結果、ローマ教皇の権威が確立された。

☐ 十字軍

- 十字軍遠征…1095年、ローマ教皇のウルバヌス2世が、クレルモン宗教会議にてキリスト教の聖地であるエルサレム奪還を呼びかけ、第1回十字軍（1096～1099年）を始めて、計7回の遠征を実施。失敗に終わり、ローマ教皇の権威は失墜した。
- 十字軍の影響…遠征を契機に北部に交易路が広がり、各地に「遠隔地貿易」を行う中世の商業都市が誕生した。

> 十字軍の遠征は、北イタリアでルネサンス文化が
> 興ったきっかけにもなったね。

チェック問題 [ ]で示される言葉を答えよう。

Q1	ゲルマン民族の移動によって、（ ）が滅んだ。	A1 西ローマ帝国
Q2	オットー1世がローマ皇帝より戴冠され、（ ）を創始した。	A2 神聖ローマ帝国
Q3	教皇ウルバヌス2世がクレルモン宗教会議を開いて（ ）遠征を決定した。	A3 十字軍
Q4	キリスト教の聖地奪回に失敗した（ ）の権威は失墜した。	A4 ローマ教皇
Q5	十字軍の遠征を機に、（ ）を行う商業都市が誕生した。	A5 遠隔地貿易

52

第1章・人文科学 53

赤字

赤字は最重要単語。
赤チェックシートを活用
して、繰り返し学習しま
しょう。

ワンポイント

併せて覚えておきたい
プラスαの知識や
アドバイスを
掲載しています。

チェック問題

項目の要点を押さえ
たら、一問一答で
知識を確実に自分の
ものにしましょう。

別冊では、最新時事をテーマごとにまとめています。論文対策や面接対策にも活用してください。

出題傾向と対策

一般教養の出題傾向は、自治体によってさまざまです。やみくもに勉強するのではなく、まずは自分が受験する自治体の過去問題集などで出題傾向を把握してから、試験対策を始めましょう。

人文科学

国語　常用漢字の読み書きは確実に押さえ、長文読解にも慣れておこう

漢字の読み書きはどの自治体でも頻出のため、常用漢字を中心に、確実に押さえます。文章読解では論説文からの出題が多く、文章の要旨（主題）を問うものから言葉の意味を問う問題、接続語を問う問題、空欄補充問題など、出題内容も幅広いため、**日頃から長文の読解に慣れておく**必要があります。四字熟語やことわざ・慣用句・故事成語などの、意味を間違えやすいものに注意。**文学史は作品と作者をセットで覚える**ようにしましょう。

日本史　近代史は出来事の年と場所を照らし合わせながら整理すること

幕末や明治以降の近現代史からの出題が多く、特に地図などを利用して、場所も併せて問う問題が見られます。そこで、**それぞれの時代の出来事や流れについて、年や場所とともに整理しておく**ことが重要です。文化史は、特に仏教や江戸時代からの出題が多く見られます。また、**人物名のみならず、それぞれの功績の内容についても併せて出題**されているので注意しましょう。

世界史　近現代史は頻出。新聞やニュース、本書の別冊などで時事問題もカバー

世界史は、日本史と比較して出題数は少ないものの、最近は**日本史との融合問題が出題**されています。そのため、**日本史の学習の際、同時代の世界でどのような出来事が起きたのか、常に頭において学習**することが効果的です。また、特に近現代史からの出題が多く、直近の出来事も出題されているので、時事問題対策の観点からも**常に新聞やニュースなどを確認**しておくことが重要です。

倫理　世界史や日本史などの「歴史」の学習を徹底すること

思想史単独での出題は少なく、**世界史や日本史と絡めた問題の出題が多い**ので、「歴史」の勉強をしっかりとしておくことが重要です。特に**西洋の近代思想や日本の仏教史、古代中国・諸子百家に関する出題が多く**見られます。また、世界3大宗教（キリスト教・イスラム教・仏教）の開祖の出生順を記号で答えさせる問題なども出題されています。3大宗教以外にユダヤ教も含めて、それぞれの特徴をしっかりと整理しておくことが重要です。

地理　基本情報や概要を把握して、統計資料から読み解けるようにしよう

日本と世界の地形や自然、気候のほか、産業・貿易といった**統計資料に関する問題などは出題頻度が高め**。統計に関しては、割合などを示した資料から国や都道府県、農作物、鉱産資源などを判断する問題が多いので、具体的な数値より概要をつかんでおくことが大切です。また、**世界の主要国の首都や主な特徴、時事も含めた国際関係や環境問題に関する重要な用語とその意味、基本的な図法や地図記号などはしっかりと覚えておく**ようにしましょう。

芸術　出題頻度の高い作品と作者を対応させて覚えよう

作者と作品の組み合わせを複数示し、その中から正しいもの（もしくは誤っているもの）を選択する問題など、**広い範囲を押さえておかなければ答えにくい問題**が増えています。そのため**作者、作品、時期をセットで覚えて**おきましょう。近年では西洋美術の出題が多いですが、日本美術、日本音楽、西洋音楽も出題頻度は僅差。4単元とも 重要 と示した区分が特に出題頻度が高いです。

英語　出題数は微増傾向。難易度は英検準2級～2級の1次試験程度

英検準2級は高校中級レベルで、必要語彙数は 2600 ～ 3600 語です。つまり、**高校英語の基礎をしっかり学習していれば、十分に対応可能**と言えるでしょう。出題は一般教養知識、文法、ことわざ・名言、会話文、英文読解の5分野で構成され、**特に会話文と英文読解に関する出題が多く、全体の 60% 以上を占めて**います。また会話文独特の表現を覚えておくことと、短い英文を読み内容を素早く把握する練習が必要です。

数学　高校前半までの知識・技能を身につけ応用できるようにする

各自治体の近年の出題領域を分析し、出題数の多かった「平面図形」「数と式」「確率統計」「方程式・不等式」「関数」「空間図形」の順に誌面を構成しています。問題の多くは、**中学校〜高校前半レベルの知識・技能を利用、応用して解くもの**です。基礎・基本となるポイントをしっかりと理解したうえで、チェックテストで応用も身につけていきましょう。

物理　「電流と磁界」「運動と力」が頻出

オームの法則を用いた計算問題や、電流がつくる磁界などの問題が多く出題されています。**計算問題については、高校で学習するレベルの基本的な物理の内容を押さえ、文字式や計算から導き出す出題**に慣れていきましょう。磁界については、中学校の教科書レベルを押さえれば十分です。また、光・音などの波動の現象や、仕事などのエネルギーに関する内容の理解を深めていきましょう。

化学　「化学変化」に関する学習を徹底して行う

この分野では、**酸化と還元、化学変化に関する計算問題、酸と塩基に関する高校で学習するレベルの内容の出題確率が高い**傾向にあります。また、気体の発生、水溶液の濃度、物質の三態に関する内容も頻出です。**計算問題が苦手な場合には、演習を繰り返して理解を定着させていきましょう**。法則名や物質の構造など、知識を問われる内容は幅広く押さえておく必要があります。

生物　「遺伝」に関する学習を特に重点的に

近年の採用試験では、**発生、細胞分裂などの「遺伝」に関する内容が出題されやすい**ようです。続いて出題頻度が高いのが、植物の組織の構造、代謝（光合成など）の内容になります。まずは高校生物の教科書を活用しながら、**基本的なレベルの内容を重点的に学習しましょう**。遺伝以外の内容では、**著名な生物学者の氏名や代表的な研究内容、その功績をひと通り押さえておく**とよいでしょう。

地学 中学校レベルの学習内容を確実に押さえる

太陽系の惑星、太陽、月、恒星、地球の自転や公転など、「**天体と宇宙**」に関する内容が頻出しています。また、火成岩や堆積岩、鉱物などの「地質」に関する内容、高気圧や低気圧、天気図の読み取りなどの大気の変化に関する「気象」の内容、「地震」などの大地の変化に関する内容も出題されています。**いずれも中学校で学習するレベルの基本的な内容**の確実な定着が求められます。

情報 インターネット関連用語、情報社会の動向について把握しておく

インターネットに関する技術的用語のほか、**セキュリティに関連する重要語句が出題**されています。また、情報社会の進展に伴う IoT や Society 5.0 など、情報システムの発達（光の面）について問われる一方、フィッシング詐欺や個人情報・知的財産権（特に著作権）の取り扱いなど、影の面も多く問われます。**情報社会全般について理解しておく**ことが重要です。

社会科学

政治 類似の制度や機関などを明確に区別する

政治分野では、**選挙の基本原則、衆議院・参議院での制度の違い、日本国憲法で国民が保障される権利について出題**する自治体が多くなっています。基本的な内容を押さえ、制度や条文などを明確に区別できるようにしておく必要があります。近年では、**国連に関係する機関**など、国際機関や海外の動きを問う問題も頻出です。国際政治は知識があれば確実に点につなげられる問題が多いので、しっかり押さえておくようにしましょう。

経済 市場経済、財政、国際経済などが頻出だが、出題範囲は広い

市場メカニズム、経済指標、自動安定化機能（ビルト・イン・スタビライザー）、補正的な財政政策（フィスカル・ポリシー）などの財政の役割、国際経済史、国際経済機構、地域的経済連合、労働基本権などは出題頻度が高いので、内容をしっかりと確認しておきましょう。ただし、毎年、**浅く広い範囲から出題**される傾向があり、学習範囲が絞りにくいため、それぞれの**ポイント、キーワードをまんべんなく押さえておく**必要があります。

Contents

はじめに ……………………………… 2
本書の特長と使い方 ……………………… 3
出題傾向と対策 …………………………… 4

第1章 人文科学 11

国語

01 A 漢字の読み書き ……………………12
02 A 文章読解 ………………………………14
03 A 四字熟語 ………………………………16
04 A ことわざ・慣用句・故事成語 …………18
05 B 文法・敬語 ……………………………20
06 B 古文・漢文 ……………………………22
07 B 古典文学史 ……………………………24
08 B 近現代文学史 …………………………26

日本史

01 A 江戸時代 ………………………………28
02 A 明治時代 ………………………………30
03 A 戦国・安土桃山時代 …………………32
04 A 鎌倉・室町時代 ………………………34
05 A 奈良・平安時代 ………………………36
06 B 大正・昭和前期 ………………………38
07 B 戦後史 …………………………………40
08 B 原始・古墳・大和・飛鳥時代 ………42

世界史

01 A 市民革命 ………………………………44
02 A 帝国主義政策 …………………………46
03 A 第2次世界大戦後の現代世界 ………48
04 B 東アジアの世界 ………………………50
05 B 中世ヨーロッパの世界 ………………52
06 B ルネサンス・絶対王政 ………………54
07 B 文明のあけぼの …………………………56
08 C ヴェルサイユ体制の崩壊と
    第2次世界大戦 …………………………58

倫理

01 A 西洋の思想 ……………………………60
02 B 古代の思想 ……………………………62
03 B 日本の思想（古代〜中世）…………64
04 C 日本の思想（江戸〜明治）…………66

地理

01 A 日本の地形・自然 ……………………68
02 A 日本の特徴・産業 ……………………70
03 A 世界の国 ………………………………73
04 A 国際関係・環境問題 …………………77
05 A 世界の産業・資源 ……………………80
06 B 地形・気候 ……………………………82
07 B 地図 ……………………………………84

芸術

01 A 西洋美術 ………………………………86
02 A 日本音楽 ………………………………89
03 B 日本美術 ………………………………91
04 B 西洋音楽 ………………………………93

英語

01 A 英会話・英語表現 ……………………96
02 A 英文読解① ……………………98
03 A 英文読解② ……………………100

04 B 英文法・語法 ……………………102
05 B 英語のことわざ・名言 ……………104
06 C 英語の言葉文化 ……………………106

チェックテスト ……………………………………………108

第2章 自然科学 113

数学

01 A 平面図形 ……………………………114
02 A 数と式 ……………………………116
03 A 確率統計 ……………………………118

04 A 方程式・不等式 ……………………120
05 B 関数 ……………………………………122
06 B 空間図形 ……………………………124

物理

01 A 電流と磁界 ……………………………126
02 A 運動 ……………………………………128
03 A 力 ……………………………………130

04 B 波動 ……………………………………132
05 B エネルギー ……………………………134

化学

01 A 酸化・還元 ……………………………136
02 A 化学の基本法則・計算問題 ………138
03 B 状態変化 ……………………………140

04 B 酸・アルカリ・イオン……………142
05 C 物質の構造 ……………………………144

生物

01 A 遺伝と生殖 ……………………………146
02 A 細胞……………………………………148
03 A 植物の体のつくりと働き …………150

04 B 動物の体のつくりと働き……………152
05 C 著名な生物学者 ……………………154

地学

01 A 太陽系の惑星と天体 ………………156
02 A 岩石と化石 ……………………………158
03 A 地球の動きと構造 ……………………160

04 B 大気の変化 ……………………………162
05 C 火山と地震 ……………………………164

情報

01 A デジタルとコンピュータ ‥‥‥‥‥166
02 A コンピュータネットワーク ‥‥‥‥169
03 A 情報社会の進展と課題 ‥‥‥‥‥171
チェックテスト ‥‥‥‥‥‥‥‥‥‥‥‥‥‥‥‥‥‥‥‥‥‥‥‥‥‥‥‥‥‥‥‥‥‥‥‥‥‥‥174

第3章　社会科学　　179

政治

01 A 選挙制度 ‥‥‥‥‥‥‥‥‥‥‥‥180
02 A 日本国憲法 ‥‥‥‥‥‥‥‥‥‥182
03 A 国際政治 ‥‥‥‥‥‥‥‥‥‥‥185
04 A 地方自治 ‥‥‥‥‥‥‥‥‥‥‥188
05 B 司法・立法・行政 ‥‥‥‥‥‥‥190
06 B 政治思想・政治制度 ‥‥‥‥‥‥194

経済

01 A 市場経済 ‥‥‥‥‥‥‥‥‥‥‥196
02 A 経済指標と財政 ‥‥‥‥‥‥‥‥198
03 A 国際経済 ‥‥‥‥‥‥‥‥‥‥‥200
04 A 労働 ‥‥‥‥‥‥‥‥‥‥‥‥‥202
05 B 経済学説・経済史 ‥‥‥‥‥‥‥204
06 C 金融・金融政策 ‥‥‥‥‥‥‥‥206
チェックテスト ‥‥‥‥‥‥‥‥‥‥‥‥‥‥‥‥‥‥‥‥‥‥‥‥‥‥‥‥‥‥‥‥‥‥‥‥‥‥208

第4章　実力チェック問題　　211

人文科学 ‥‥‥‥‥‥‥‥‥‥‥‥‥‥212
自然科学 ‥‥‥‥‥‥‥‥‥‥‥‥‥‥223
社会科学 ‥‥‥‥‥‥‥‥‥‥‥‥‥‥231
答え ‥‥‥‥‥‥‥‥‥‥‥‥‥‥‥‥234
索引 ‥‥‥236

別冊「最新時事 対策 BOOK」

STAFF	
◎執筆	：魚山秀介（帝京大学大学院教職研究科教授） 清水公男（文京学院大学教授） 鈴木詞雄（創価大学大学院教職研究科教授） 川島紀子（文京区立第六中学校主任教諭） 橿原 毅（早稲田大学系属早稲田実業学校教諭）
◎執筆・構成・編集	：和西智哉・葛原武史・梨子木志津・浅海里奈・増田友梨・三上浩樹・藤沢三毅・ 加藤隆太郎・夏目桃子（カラピナ）
◎校正	：鷗来堂
◎本文デザイン	：田畑紀子
◎レイアウト・DTP	：芦澤 伸（東光美術印刷）
◎イラスト	：うてのての

第 1 章

人文科学

英語	芸術	地理	倫理	世界史	日本史	国語
96	86	68	60	44	28	12

01 漢字の読み書き

● 大学入試レベルの常用漢字はもちろん、
　常用外の漢字からの出題にも注意しよう。
● 同音異義語、同音・同訓異字からの出題も多い。

POINT!

---

1. 漢字の読み ◀重要

• 常用外の漢字も含め、難読の熟語の読みを押さえておこう。

曖昧（あいまい）	委嘱（いしょく）	嗚咽（おえつ）
凱旋（がいせん）	薫陶（くんとう）	更迭（こうてつ）
暫時（ざんじ）	潤沢（じゅんたく）	素性（すじょう）
精緻（せいち）	知己（ちき）	厨房（ちゅうぼう）
抵触（ていしょく）	剝奪（はくだつ）	敷設（ふせつ）
冥利（みょうり）	瞑想（めいそう）	辺鄙（へんぴ）
流転（るてん）	漏洩（ろうえい）	賄賂（わいろ）

• 特別な読み（熟字訓・当て字）も頻出。

欠伸（あくび）	小豆（あずき）	硫黄（いおう）
田舎（いなか）	乳母（うば）	神楽（かぐら）
鍛冶（かじ）	固唾（かたず）	為替（かわせ）
流石（さすが）	五月雨（さみだれ）	老舗（しにせ）
数珠（じゅず）	山車（だし）	築山（つきやま）
祝詞（のりと）	木綿（もめん）	寄席（よせ）

---

2. 漢字の書き ◀重要

• 日常生活で使う語を中心に、確実に書けるよう練習しておこう。

エシャク（会釈）を交わす	カンカク（間隔）を空けて立つ

ケンチョ（顕著）な業績	シッタ（叱咤）激励する
セツジョク（雪辱）を果たす	ダキョウ（妥協）する
答案をテンサク（添削）する	前例トウシュウ（踏襲）
周囲にハイリョ（配慮）する	フヨウ（扶養）家族
論理のムジュン（矛盾）	動きをモホウ（模倣）する
ユイゴン（遺言）をのこす	貧困がレンサ（連鎖）する

• **同音異義語、同音異字、同訓異字の書き分けにも注意。**

教育カテイ（課程）の編成	計算カテイ（過程）を確かめる
入場をキセイ（規制）する	キセイ（既成）事実をつくる
ソウイ（創意）工夫する	社員のソウイ（総意）を聞く
損失をホショウ（補償）する	身元をホショウ（保証）する
イ（偉）人の伝記を読む	経イ（緯）の説明を求める
誤りを指テキ（摘）する	テキ（適）切な指示を出す
損害バイ（賠）償を請求する	人口がバイ（倍）増する
フク（複）雑な計算を行う	授業のフク（復）習をする
アタタ（暖）かい春の日差し	アタタ（温）かいスープを飲む
災害にソナ（備）える	墓前に花をソナ（供）える
書類がヤブ（破）れる	試合にヤブ（敗）れる
再起をハカ（図）る ── 重さをハカ（量）る ── 距離をハカ（測）る

チェック問題 ──線の漢字は読みを、カタカナは漢字を書こう。

Q1 良心の呵責に悩まされる。 　　A1 かしゃく

Q2 長年の悲願がジョウジュする。 　A2 成就

Q3 桟敷席に座る。 　　　　　　　　A3 さじき

Q4 提案にイギをとなえる。 　　　　A4 異議

Q5 イギ深い行動をとる。 　　　　　A5 意義

02 文章読解

● 読解問題では論説文が頻出。
普段から長文を読み慣れておこう。
● 接続語や空欄補充など出題形式は多様。

POINT!

1. 読解問題の出題傾向

- 現代文の読解問題では、論説文や小説、随筆、短歌・俳句、詩などから出題される。特に論説文が頻出なので、日頃から数多くの本を読んだり、新聞に目を通したりするなどして慣れておこう。

●過去の出題実績

茂木健一郎 『脳と仮想』	内田樹 『街場の文体論』	長谷川眞理子『世界は美しくて不思議に満ちている―「共感」から考えるヒトの進化』
白洲正子 『鶴川日記』	永田和宏 『知の体力』	寺田寅彦 『俳句の精神』
井上靖 『敦煌』	榊原英資 『見る読書』	池上彰 『学び続ける力』
樋口裕一『ホンモノの思考力 ―口ぐせで鍛える論理の技術』	原研哉『日本のデザイン ― 美意識がつくる未来』	鷲田清一 『哲学の使い方』
松原仁 『AIに心は宿るのか』	辰濃和男 『ぼんやりの時間』	池波正太郎 『鬼平・梅安食物帳』
玄田有史 『14歳からの仕事道』	齋藤孝 『コミュニケーション力』	出口治明 『本物の思考力』
星新一 『きまぐれ星のメモ』	榎本博明『〈自分らしさ〉って何だろう?: 自分と向き合う心理学』	吉本隆明 『詩の力』
俵万智『あなたと読む恋の歌百首』	三菱UFJリサーチ&コンサルティング・吉田寿『リーダーの器は「人間力」で決まる』	尹雄大 『体の知性を取り戻す』
和田秀樹 『感情的にならない本』	広中平祐 『生きること学ぶこと』	森山卓郎『コミュニケーションの日本語』

2. 読解問題の出題内容 　重要

- 出題内容は、文章の要旨（主題）を問うものから、言葉の意味を問う問題、接続詞の問題など多岐にわたる。

●要旨（主題）の捉え方

頻出する語句に注目	文章のタイトルを含め、文中に何度も出てくる語句や内容は要旨にかかわっている場合が多い。
文章構成に注目	文章の冒頭や結末に要旨が書かれていることが多い（頭括型と尾括型）。冒頭と結末両方で述べる形も（双括型）。
「意見」と「事実」	論説文では、客観的な事実を述べている部分と筆者の意見を述べている部分を明確に区別する。要旨は筆者の意見として書かれている。
接続語に注目	「つまり」「このように」などの接続語のあとに要旨が書かれていることが多い。
主人公の心情に注目	小説では、主題は主人公の心情として書かれることが多い。台詞だけでなく、行動や態度の描写にも注目。

●接続語

- 接続語に注目して文と文、段落と段落のつながりを捉える。

順接	前の文を発展させて結論を述べる（だから、したがって）
逆接	前の文と逆の内容を述べる（しかし、だが、ところが）
換言	前の文の内容を言い換える（つまり、すなわち、要するに）
説明	前の文の内容の理由を述べる（なぜなら、というのは）
添加	前の文に内容を付け加える（さらに、また）

●空欄補充

前後の内容を把握	空欄の前後にある文章の文意や要旨を捉える。
空欄に代入	選択肢をすべて空欄に代入し、要旨と照らし合わせて最適なものを選ぶ。

●反対語（対義語）

- 言葉の意味を問う問題として、反対語（対義語）の出題も多い。

一般 ⟷ 特殊	具体 ⟷ 抽象	演繹 ⟷ 帰納	義務 ⟷ 権利
偶然 ⟷ 必然	絶対 ⟷ 相対	能動 ⟷ 受動	理論 ⟷ 実践

チェック問題　　正しいものを選んで記号で答えよう。

Q1 逆接の接続語はどれか。
ア ところで　イ ところが　ウ そのうえ
 イ

Q2 「生産」の反対語は何か。
ア 消費　イ 産出　ウ 浪費
 ア

03 四字熟語

●四字熟語は読み、書きに加え、
　意味もセットで覚えておこう。
●書き問題は空欄補充や正誤を問う形の出題もある。

POINT!

1. 四字熟語 ◀重要

• 漢数字が使われている四字熟語、対になる漢字が用いられている
四字熟語などには特に注意。

暗中模索 （あんちゅうもさく）	手がかりがないまま、あれこれと試みること。
一罰百戒 （いちばつひゃっかい）	1人を罰することで、他の人が同じ罪を犯さないよう戒めること。
一蓮托生 （いちれんたくしょう）	物事の善し悪しにかかわらず、他者と命運や行動をともにすること。
一朝一夕 （いっちょういっせき）	わずかな時間、日程のこと。
因果応報 （いんがおうほう）	よいことをすればよい結果につながり、悪い行いをすれば悪い結果になるということ。
紆余曲折 （うよきょくせつ）	道などが曲がりくねっていること。物事が複雑でスムーズに進まないこと。
栄枯盛衰 （えいこせいすい）	栄えたり、衰えたりすること。
我田引水 （がでんいんすい）	周囲のことを考えず、自分の都合のいいように物事を考えたり、行動したりすること。
乾坤一擲 （けんこんいってき）	命運をかけて、一か八かの勝負に出ること。
捲土重来 （けんどちょうらい）	一度敗れたり、失敗したりした者が、再び勢いを取り戻して巻き返すこと。
才気煥発 （さいきかんぱつ）	優れた才能があふれ出る様子。

針小棒大 (しんしょうぼうだい)	物事を大げさに誇張すること。
深謀遠慮 (しんぼうえんりょ)	遠い将来のことまでを見通して、綿密な計画を立てること。
大言壮語 (たいげんそうご)	自分の実力以上のことを、大げさに威勢よく言うこと。
朝三暮四 (ちょうさんぼし)	結果は同じなのに、目先の違いにだまされること。また、そのように巧みにだますこと。
南船北馬 (なんせんほくば)	あちらこちらと忙しく動き回ること。仕事などで懸命に奔走、尽力すること。
破顔一笑 (はがんいっしょう)	顔をほころばせて笑うこと。
博覧強記 (はくらんきょうき)	本をたくさん読んで物事をよく知り、また、その知識をよく覚えていること。
美辞麗句 (びじれいく)	うわべだけ美しいが内容のない言葉。
粉骨砕身 (ふんこつさいしん)	力の限りを尽くして努力すること。
有名無実 (ゆうめいむじつ)	名前だけ有名で実力が伴わないこと。
竜頭蛇尾 (りゅうとうだび)	初めは勢いがよくても、最後には勢いがなくなること。

チェック問題　（　）に当てはまる漢字を書こう。

Q1 （　）寒（　）温
〈意味〉寒くなったり、暖かくなったりしながら春が近づいてくること。
A1 三／四

Q2 羊（　）狗（　）
〈意味〉見かけだけが立派で実質が伴わないこと。
A2 頭／肉

Q3 笑止（　）（　）
〈意味〉とてもバカげていて話にならないこと。
A3 千／万

Q4 朝（　）暮（　）
〈意味〉指示や命令が頻繁に変更され、定まらないこと。
A4 令／改

Q5 （　）同（　）異
〈意味〉細かい部分では違っても、全体ではだいたい同じであること。
A5 大／小

A 頻出度 04 ことわざ・慣用句・故事成語

●間違えやすい意味のものに特に注意。
●故事成語は四字熟語になっているものも
多いので合わせて覚えよう。

POINT!

---

1. ことわざ ◀重要

- 古くから言い伝えられてきた言葉で、教訓や戒めの意味をもつものが多い。意味を取り違えやすいものがあるので注意。

枯れ木も山のにぎわい	つまらない枯れ木のようなものでも、ないよりはましであるということ。
かわいい子には旅をさせよ	子どもがかわいければ、旅に出して苦労をさせたほうがいいということ。
袖振り合うも他生の縁	着物の袖が触れ合うようなささやかな出来事でも、前世からの深い縁によるものだということ。
情けは人のためならず	人に情けをかけておけば、巡り巡って自分に報いが返ってくるということ。
渡る世間に鬼はなし	世の中には無慈悲な人だけではなく、困ったときに助けてくれる情け深い人もいるということ。

---

2. 慣用句 ◀重要

- いくつかの言葉を組み合わせて定型的表現として用いられてきた語。体の部分にちなんだ慣用句も多い。

色をなす	怒りのあまり顔色が変わること。
浮き足立つ	恐怖や不安のために落ち着かない様子。
顔を貸す	人に頼まれて出向いたり、人に会ったりすること。
木で鼻をくくる	無愛想でそっけない態度のこと。
気が置けない	気をつかう必要がなく、打ち解けてつき合えること。

首が回らない	支払いが多く、お金のやりくりができないこと。
手に余る	物事が自分の能力を超えていて扱いきれないこと。
眉をひそめる	心配事や不快なことに顔をしかめること。
流れに棹さす	物事が思いどおりに進んでいくこと。
横車を押す	道理に合わないことを無理に押し通すこと。

3. 故事成語 ←重要

• 実際にあった出来事や中国の古典に書かれた逸話から生まれた言葉。四字熟語になっているものも多い。

青は藍より出でて藍より青し	藍草で染めた布がもとの藍草よりも鮮やかな青色になるように、弟子が師に勝る力を発揮することのたとえ（出藍之誉）。
漁夫の利	両者が争っている隙に、第三者が利益を横取りすること。
鶏口となるも牛後となるなかれ	大きな組織の末端にいるよりは、小さい組織でも上に立つほうがよいということ（鶏口牛後）。
李下に冠を正さず	すももの木の下で冠を直そうと手を上げると、すももを盗もうとしているのかと疑われる。人から疑われるようなことはすべきではないとの意味。

チェック問題　（　）に当てはまる漢字を書こう。

Q1 （　　　　）にも衣装
〈意味〉どんな人でも身なりを整えれば立派に見えること。
A1 馬子

Q2 待てば（　　　　）の日和あり
〈意味〉我慢して待っていればいずれ好機が訪れるということ。
A2 海路

Q3 （　）が痛い　（　）にはさむ　（　）をそろえる
※すべて同じ漢字が入る。
A3 耳

Q4 （　）が低い　（　）を折る　（　）を据える
※すべて同じ漢字が入る。
A4 腰

Q5 悪事（　　　　）を走る
〈意味〉悪い評判はすぐに遠くまで伝わり、広まるということ。
A5 千里

05 文法・敬語

● 単語は、自立語か付属語か、活用があるかないか
  などにより、いくつかの品詞に分類される。
● 敬語は尊敬語、謙譲語、丁寧語の違いを押さえる。

POINT!

1. 言葉の単位

• 言葉には、大きなものから順に5つの単位がある。

文章	いくつかの文が集まって1つのまとまりになったもの。
段落	文章をいくつかのまとまりに区切ったもの。
文	句点「。」で区切られたひとまとまりの言葉。
文節	意味をこわさない範囲で文を短く区切ったもの。
単語	文節をさらに細かく分けた、言葉の最小単位。

2. 品詞の分類 ◀重要

• 単語には文節をつくる「**自立語**」と、自立語のあとにつく「**付属
  語**」がある。これらは、さらにいくつかの「**品詞**」に分けられる。

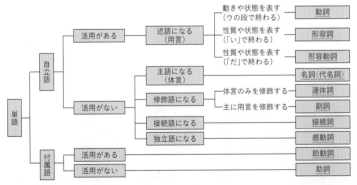

3. 敬語 重要

- 敬語とは、相手あるいは第三者に対しての、話し手・書き手の敬意を表す言葉。敬語には「**尊敬語**」「**謙譲語**」「**丁寧語**」の3つの種類がある（「**丁重語**」「**美化語**」を加えた5種類とする場合もある）。

- **尊敬語**…対象となる人物の動作や状態、持ち物などを高めることで敬意を表す言葉。

いらっしゃる（行く、来る、いる）		召し上がる（食べる、飲む）
くださる（くれる）	おっしゃる（言う）	ご覧になる（見る）
お越しになる（来る）	読まれる（読む）	来られる（来る）

- **謙譲語**…自分の動作についてへりくだることで、その動作を受ける相手に敬意を表す言葉。

参る（行く）	伺う（行く、訪ねる、聞く）	頂く（もらう）
申し上げる（言う）	存じ上げる（知る）	拝見する（見る）
差し上げる（与える）	お届けする（届ける）	ご紹介する（紹介する）

- **丁寧語**…言い方を丁寧にして相手への敬意を表す言葉。

行きます（行く）	言います（言う）	食べます（食べる）
ございます（ある）	お食事（食事）	ご飯（飯）

> 「お食事」「ご飯」のように「お～」「ご～」をつけて言葉を上品にするものを「美化語」として区別する場合もあるよ。

チェック問題　（　）に当てはまる言葉を書こう。

Q1 言葉には、「文章」「段落」「文」「（　　　）」「単語」の単位がある。　**A1** 文節

Q2 「穏やかだ」の品詞は（　　　）である。　**A2** 形容動詞

Q3 「言う」の尊敬語は「（　　　）」である。　**A3** おっしゃる

B 頻出度 06 古文・漢文

POINT!
- 古文単語は現代とは違う意味に注意。
  呼応の副詞や係り結びもよく問われる。
- 漢文、漢詩は基本的な読み方を押さえよう。

1. 古文単語 ◀重要

- 古文ならではの単語（**古文特有語**）のほか、現代と違う意味をもつ言葉（**古今異義語**）にも注意。

〈古文特有語〉

いと（たいへん、とても）	げに（本当に）
いみじ（はなはだしい、りっぱだ）	つと（じっと、急に）

〈古今異義語〉

あはれ（しみじみとした趣）	かなし（かわいい）
さらなり（今さら言うまでもない）	つとめて（早朝）
めでたし（すばらしい、立派だ）	やがて（そのまま、すぐに）

2. 呼応の副詞 ◀重要

- 特定の語と対になって使われる副詞を「**呼応の副詞**（陳述の副詞）」という。

え〜ず（〜できない）	例 えもいわず（言うことができない）
つゆ〜ず（少しも〜ない）	例 つゆ眠れず（少しも眠れない）
な〜そ（〜するな）	例 な行きそ（行くな）

3. 係り結び ◀重要

- 文中に「ぞ・なむ・や・か・こそ」が出てきた場合には、文末の

活用形が終止形から変わることを「係り結び」という。

ぞ・なむ（強調）	文末は「連体形」となる。
や・か（疑問・反語）	文末は「連体形」となる。
こそ（強調）	文末は「已然形」となる。

4. 漢文

- 漢文の訓読において、返り読みの順番を示すためにつけられる符号を「返り点」という（レ点、一・二点、上・下点）。
- 漢字一字で二度読む語を「再読文字」という。

未	いまダ〜ず（まだ〜しない）
当	まさニ〜べし（〜すべきである、きっと〜だろう）

5. 漢詩の形式

- 漢詩は、一句の字数と句の数により、次のように分類される。

一句の字数が5文字（五言）	句の数が4句	五言絶句
	句の数が8句	五言律詩
一句の字数が7文字（七言）	句の数が4句	七言絶句
	句の数が8句	七言律詩

- 漢詩において、句の末尾の母音を揃えることを押韻という。
- 語の並びや意味が対になる2つの句を対句という。

チェック問題 正しいものを選んで記号で答えよう。

Q1 古文単語「いと」の意味は？
ア 悪い　イ とても　ウ 珍しい
 A1 イ

Q2 係り結びで「こそ」に対応する文末は？
ア 終止形　イ 連体形　ウ 已然形
 A2 ウ

Q3 一句が5文字、句数が8の漢詩の形式は？
ア 五言律詩　イ 五言絶句　ウ 七言律詩
 A3 ア

B

頻出度

07 古典文学史

●各作品の成立時代と作・編者、
　内容の特徴などを整理して覚えよう。
●作品と作者を結びつける出題が多い。

POINT!

---

1. 奈良〜平安時代の文学 ◀重要

分類	作品	特徴
歴史書	『古事記』	712 年に成立した日本最古の歴史書。**太安万侶**撰録。
	『日本書紀』	720 年に成立した編年体の歴史書。**舎人親王**編。
歌集	『万葉集』	760 年頃に成立した現存最古の和歌集。**大伴家持**編。
	『古今和歌集』	905 年頃に成立した勅撰和歌集。**紀貫之**ほか編。
物語	『竹取物語』	10 世紀前半に成立した現存最古の物語。作者不詳。
	『伊勢物語』	10 世紀中頃に成立した日本初の歌物語。在原業平がモデルとされる。作者不詳。
	『源氏物語』	1008 年頃に成立した 54 帖からなる物語。光源氏とその子薫君を中心に貴族の生活と恋愛を描く。**紫式部**。
日記	『土佐日記』	935 年頃に成立した日本初の日記文学。女性に仮託して仮名で書かれている。**紀貫之**。
	『更級日記』	1059 年成立。**菅原孝標女**が半生を綴った日記。
随筆	『枕草子』	1001 年頃に成立した日本初の随筆。**清少納言**。

• 古今和歌集の頃に活躍した歌人のうち、<u>在原業平</u>、<u>小野小町</u>、僧正遍昭、文屋康秀、大伴黒主、喜撰法師を<u>六歌仙</u>と呼ぶ。

---

2. 鎌倉〜室町時代 ◀重要

分類	作品	特徴
歌集	『新古今和歌集』	1205 年成立の勅撰和歌集。**藤原定家**ほか編。

物語	『平家物語』	13世紀前半成立。平家の栄枯盛衰を描いた軍記物語で、琵琶法師が平曲として語った。作者不詳。
説話集	『宇治拾遺物語』	13世紀前半成立の説話集。「わらしべ長者」「こぶとりじいさん」など収録。編者不詳。
	『古今著聞集』	1254年頃に成立した世俗説話集。橘成季編。
随筆	『方丈記』	1212年に成立した和漢混交の随筆。**鴨長明**。
	『徒然草』	1331年頃成立。**吉田兼好**が自らの人生観や主張、当時の世相への批判や風俗など多岐に綴る。

『万葉集』『古今和歌集』『新古今和歌集』の3つを三大集と呼ぶよ。

3. 江戸時代

分野	人物	特徴
俳句	松尾芭蕉	独自の俳風（蕉風）を確立し「俳聖」と称される江戸時代前期の俳諧師。**『おくのほそ道』**『野ざらし紀行』『更科紀行』など。
	与謝蕪村	浪漫的な俳風で江戸時代中期に俳壇を復興。『新花摘』『蕪村句集』。
	小林一茶	方言を使用した庶民的な作風で江戸時代後期に活躍。**『おらが春』**。
小説	井原西鶴	浮世草子の作者で、好色物、武家物、町人物など幅広く手がける。**『好色一代男』**『武家義理物語』『世間胸算用』。
	滝沢馬琴	読本作家。**『南総里見八犬伝』**『椿説弓張月』。
	十返舎一九	江戸時代後期の滑稽本作家。**『東海道中膝栗毛』**。
浄瑠璃	近松門左衛門	浄瑠璃および歌舞伎の脚本を多く手がけた。**『曽根崎心中』**『国性爺合戦』『冥途の飛脚』など。
国学	本居宣長	江戸時代中期の国学者。**『古事記伝』**。

チェック問題 正しい組み合わせを選んで記号で答えよう。

Q1 ア 紫式部－『竹取物語』　　イ 紀貫之－『土佐日記』
　　ウ 近松門左衛門－『南総里見八犬伝』

Q2 ア 鴨長明－『方丈記』　　イ 吉田兼好－『平家物語』
　　ウ 本居宣長－『古事記』

国 語

頻出度 **B**

08 近現代文学史

● 作者名と作品名の関係を確実に押さえよう。
● 日本文学ではその作者が属した主義や派も
問われることがある。

POINT!

1. 明治・大正時代 ◀ 重要

主義・派	人物・代表作
写実主義	坪内逍遙『小説神髄』／二葉亭四迷『浮雲』
擬古典主義	尾崎紅葉『金色夜叉』／幸田露伴『五重塔』
浪漫主義	森鷗外『舞姫』／樋口一葉『たけくらべ』『にごりえ』
自然主義	島崎藤村『夜明け前』／田山花袋『蒲団』
余裕派（高踏派）	夏目漱石『吾輩は猫である』『坊っちゃん』『三四郎』『それから』『門』『こころ』／森鷗外『山椒大夫』『高瀬舟』『阿部一族』
耽美派	永井荷風『あめりか物語』／谷崎潤一郎『細雪』
白樺派	志賀直哉『城の崎にて』『暗夜行路』／武者小路実篤『友情』『幸福者』／有島武郎『或る女』『生まれ出づる悩み』
新現実主義	芥川龍之介『羅生門』『鼻』『地獄変』『トロッコ』『蜘蛛の糸』／菊池寛『恩讐の彼方に』／山本有三『路傍の石』『真実一路』
分野	**人物・代表作**
詩	島崎藤村『若菜集』／北原白秋『邪宗門』／高村光太郎『智恵子抄』／萩原朔太郎『月に吠える』／宮沢賢治『春と修羅』
短歌	与謝野晶子『みだれ髪』／石川啄木『一握の砂』
俳句	正岡子規『歌よみに与ふる書』／高浜虚子『虚子句集』

2. 昭和時代

主義・派	人物・代表作
プロレタリア文学	小林多喜二『蟹工船』／徳永直『太陽のない街』
新感覚派	川端康成『伊豆の踊子』『雪国』／横光利一『日輪』

新興芸術派	井伏鱒二『黒い雨』『山椒魚』／梶井基次郎『檸檬』
新心理主義	堀辰雄『風立ちぬ』／伊藤整『氾濫』
無頼派	太宰治『人間失格』『走れメロス』／坂口安吾『堕落論』／織田作之助『夫婦善哉』／檀一雄『火宅の人』
その他	中島敦『山月記』／三島由紀夫『金閣寺』『仮面の告白』『潮騒』／大岡昇平『野火』／安部公房『砂の女』／遠藤周作『海と毒薬』／井上靖『敦煌』／大江健三郎『飼育』『死者の奢り』『万延元年のフットボール』／石原慎太郎『太陽の季節』／開高健『裸の王様』／司馬遼太郎『梟の城』『坂の上の雲』

分野	人物・代表作
詩	中原中也『山羊の歌』／谷川俊太郎『二十億光年の孤独』／草野心平『蛙』
短歌	寺山修司『空には本』／俵万智『サラダ記念日』

3. 外国文学

国名	人物・代表作
イギリス	シェイクスピア『ハムレット』『リア王』／ディケンズ『二都物語』
フランス	ユゴー『レ・ミゼラブル』／モーパッサン『女の一生』／サン＝テグジュペリ『星の王子さま』／カミュ『異邦人』
ドイツ	ゲーテ『ファウスト』／ヘルマン・ヘッセ『車輪の下』／カフカ『変身』
ロシア	ツルゲーネフ『猟人日記』／ドストエフスキー『罪と罰』『カラマーゾフの兄弟』／トルストイ『戦争と平和』／チェーホフ『桜の園』
アメリカ	メルヴィル『白鯨』／トウェイン『トム・ソーヤーの冒険』／ヘミングウェイ『老人と海』『武器よさらば』／スタインベック『怒りの葡萄』
中国	魯迅『阿Q正伝』

チェック問題　　正しい組み合わせを選んで記号で答えよう。

Q1 ア 坪内逍遥 －『浮雲』　　イ 森鷗外 －『高瀬舟』
ウ 永井荷風 －『或る女』

A1 イ

Q2 ア 小林多喜二 －『檸檬』　　イ 大岡昇平 －『山月記』
ウ 井伏鱒二 －『黒い雨』
A2 ウ

Q3 ア スタインベック－『白鯨』　イ ディケンズ －『怒りの葡萄』　ウ チェーホフ－『桜の園』

A3 ウ

01 江戸時代

●江戸の諸改革について、政策を整理しておこう。
●江戸前期の元禄文化、後期の化政文化について、
　それぞれの特徴をよく理解しておこう。

POINT!

1. 江戸の諸改革 ◀ 重要

- **正徳の治**…<u>新井白石</u>（6代将軍徳川家宣の頃の朱子学者）が、5代将軍徳川綱吉の時代に実施した貨幣改鋳を戻し、金銀の流出防止のために<u>海舶互市新例</u>を出して、長崎貿易の制限を図った。

- **享保の改革**…8代将軍徳川吉宗は「<u>倹約令</u>」を出して質素倹約を奨励。幕府の財源確保のために「<u>上米</u>」（参勤交代の江戸滞在期間を1年から半年に減らす代わりに、石高1万石につき米100石を納めさせる）を打ち出す。「<u>足高の制</u>」（下級武士でも上の役職に登用）の実施。町奉行・<u>大岡忠相</u>を登用し、<u>公事方御定書</u>を編集。裁判を簡素化するため、「<u>相対済し令</u>」（金銭の貸し借りは当事者間で解決させる）を発布。<u>目安箱</u>の設置や小石川養生所の設立などを行った。

- **田沼時代**…10代将軍徳川家治のときの<u>老中</u>・<u>田沼意次</u>が、商人の経済力を利用して幕府財政の再建を図るため、<u>株仲間</u>の公認などを実施。<u>俵物</u>の輸出奨励やロシアとの交易を計画し、<u>最上徳内</u>に蝦夷地の調査を指示。しかし、<u>天明の飢饉</u>によって社会不安が広がり、失脚した。

- **寛政の改革**…白河藩主で吉宗の孫である<u>松平定信</u>が老中として改革を遂行。「<u>棄捐令</u>」（旗本・御家人の借金の帳消し）、「<u>旧里帰農令</u>」（江戸での出稼ぎを制限）、「<u>囲米</u>」（災害に備えて米穀を供出させる）、「<u>七分積金</u>」（町費の節約分の7割を積み立てる）、「<u>人足寄場</u>」（職業訓練施設の設置）などを実施したが、あまりにも厳格であったため支持を

失い失脚。

- **天保の改革**…12代将軍徳川家慶の時代、**老中・水野忠邦**が実施した改革。厳しい倹約令や「**上知令**」（江戸・大坂周辺の大名や旗本の領地を強制的に幕府直轄地にする）を発したが、旗本や大名の反発で失脚。

2. 江戸時代の文化

- **元禄文化**…江戸時代前期の上方（京・大坂）を中心とした町人文化。

文学	井原西鶴『好色一代男』『日本永代蔵』／近松門左衛門『曽根崎心中』(人形浄瑠璃) ／松尾芭蕉『おくのほそ道』 など
美術	尾形光琳『燕子花図屏風』／菱川師宣『見返り美人図』 など

- **化政文化**…江戸時代後期の江戸を中心とした町人文化。

文学	十返舎一九『東海道中膝栗毛』／式亭三馬『浮世風呂』／滝沢馬琴『南総里見八犬伝』 など
美術	歌川広重『東海道五十三次』／葛飾北斎『富嶽三十六景』 など
蘭学	杉田玄白・前野良沢『解体新書』 など

チェック問題　( ) に当てはまる言葉を答えよう。

Q1	朱子学者であった（　　　）は、正徳の治と呼ばれる改革を実施した。	A1 新井白石
Q2	徳川吉宗は、幕府の財政再建を目的とした（　　　）で、多くの政策を実施した。	A2 享保の改革
Q3	白河藩主である松平定信は、（　　　）を行った。	A3 寛政の改革
Q4	（　　　）文化とは、江戸時代前期の上方を中心とした町人文化である。	A4 元禄
Q5	（　　　）文化とは、江戸時代後期の江戸を中心とした町人文化である。	A5 化政

02 明治時代

●日朝修好条規から韓国併合に至るまでの
対外政策について、世界史と関連させながら覚えよう。
●受験する自治体で起こった出来事も整理しよう。

POINT!

---

1. 明治政府による政策 ◀重要

- **明治維新**…1868年、<u>五箇条の誓文</u>が発布。西洋の技術や制度を積極的に導入（<u>文明開化</u>）。
- **四民平等**…<u>華族</u>（旧公家・大名）、<u>士族</u>（旧武士）、<u>平民</u>（旧農工商）。
- **岩倉使節団**…不平等条約改正を目的に岩倉具視らを米欧に派遣。
- **維新の三大改革**…1872年「<u>学制</u>」、1873年「<u>徴兵令</u>」「<u>地租改正条例</u>」。
- **殖産興業**…1872年に新橋－横浜間の鉄道が開通。<u>官営富岡製糸場</u>の設立や<u>前島密</u>による<u>郵便制度</u>の導入など。
- **条約改正**…外相<u>井上馨</u>による欧化政策。1894年の<u>日英通商航海条約</u>によって領事裁判権が撤廃。1911年には<u>関税自主権</u>を完全回復した。
- **大津事件**…1891年、ロシア皇太子・ニコライ2世が巡査に襲われる事件が発生。児島惟謙による司法権の独立。

☐ 自由民権運動 ◀重要

- **国会開設**…<u>西南戦争</u>（1877年）を契機に、政府を言論で追及するため国会開設を要求する運動が始まった。
- **明治14年の政変**…急進派の大隈重信が下野し、政府は1881年に<u>国会開設の勅諭</u>を発表。大隈重信は<u>立憲改進党</u>の、板垣退助は

自由党の党首となった。

- **大日本帝国憲法の制定**…<u>欽定憲法</u>。帝国議会（貴族院と衆議院からなる二院制）を創設。1890 年に第 1 回衆議院総選挙実施。

2. 対外政策 ◀重要

- <u>征韓論</u>…<u>西郷隆盛</u>らが朝鮮を武力で開国させることを主張。
- <u>江華島事件</u>…1875 年に起きた武力衝突事件。これを契機に翌1876 年に、<u>日朝修好条規</u>を締結させて朝鮮との国交を樹立。
- <u>日清戦争</u>…1894 年に朝鮮半島で起こった<u>東学党の乱</u>（<u>甲午農民戦争</u>）を契機に日清両軍が衝突し、8 月に宣戦布告。日本が勝利し、<u>下関条約</u>締結。賠償金 2 億テール。
- <u>義和団事件</u>…1900 年に中国（清）で発生した「<u>扶清滅洋</u>」をスローガンとする排外主義運動。日本や欧米諸国に宣戦布告したが、制圧され清の弱体化が鮮明になった。1902 年に<u>日英同盟</u>締結。
- **戦後の東アジア**…<u>三国干渉</u>（独仏露）によって<u>遼東半島</u>を返還。
- <u>日露戦争</u>…1904 年に開戦。日本海海戦で勝利し、1905 年にアメリカで<u>ポーツマス条約</u>締結。全権<u>小村寿太郎</u>は賠償金を獲得できず、<u>日比谷焼打ち事件</u>が発生。
- <u>韓国併合</u>…1910 年に大韓帝国を併合して、1945 年までの植民地支配が始まる。

チェック問題　〔　〕に当てはまる言葉を答えよう。

Q1 明治政府は 1868 年に五箇条の誓文を発布し、1872 年に（　　　　）を実施した。	**A1** 学制
Q2 朝鮮半島で東学党の乱が起きたことを契機に、（　　　　）が勃発した。	**A2** 日清戦争
Q3 1905 年、アメリカのポーツマスで、（　　　　）の講和条約が締結された。	**A3** 日露戦争

03 戦国・安土桃山時代

●キリスト教や鉄砲が日本に伝来し、
与えた影響についてチェックしよう。
●織田信長はどのように対応したのかを押さえよう。

POINT!

☐ 戦国時代 ◀重要

- **応仁の乱**…1467 ～ 1477 年、室町幕府 8 代将軍**足利義政**の後継をめぐり、**細川勝元**と**山名持豊**との対立も絡んで争乱が全国に拡大。

- **惣と一揆**…地侍が中心となって農民が自分たちの村を形成し、**惣村**が各地で出現。その結果、年貢の減免などを実現させるために一揆が発生。1428 年に起こった「**正長の土一揆**」が代表的。

- **下剋上の風潮**…**国人**（中小武士団の領袖）が立ち向かう**国一揆**（山城の国一揆など）や、浄土真宗の僧や門徒が立ち向かう**一向一揆**（加賀の一向一揆など）によって**守護大名**が弱体化し、**下剋上**が起こった。

- **戦国大名の出現**…没落した**守護大名**に代わって実力で成り上がった**北条早雲**、**毛利元就**などを代表とする**戦国大名**は、**分国法**を制定して領内を統治。**城下町**などが整備され、各地で出現した。

- **鉄砲の伝来と南蛮貿易**…1543 年、**種子島**に漂着したポルトガル人によって**鉄砲**が初めて伝来。ポルトガル、スペインとの**南蛮貿易**が開始された。

- **キリスト教の伝来**…1549 年、**フランシスコ・ザビエル**が鹿児島に来航し、日本に初めてキリスト教を伝えた。**キリシタン大名**が出現。1585 年、**天正遣欧使節**がローマ教皇に謁見。

- **南蛮文化**…南蛮屏風、活版印刷など。

☐ 安土桃山時代 ◀ 重要

- **織田信長の統一事業**…1560年、桶狭間の戦いで今川義元を討伐。1573年、15代将軍<u>足利義昭</u>を追放して室町幕府は滅亡。1575年の<u>長篠の戦い</u>で大量の鉄砲を使用して勝利。<u>楽市・楽座</u>などの政策を実施して経済の活性化を推進。

- **豊臣秀吉の全国統一**…<u>山崎の戦い</u>で<u>明智光秀</u>を討ち、信長の後継者となった。石山本願寺の跡に<u>大坂城</u>を築き、<u>関白</u>に就任するなど権力を握った。**太閤検地**を実施して<u>石高制</u>（こくだか）を確立。1588年に<u>刀狩令</u>を実施して**兵農分離**を行い、一揆の発生を防いだ。

- **朝鮮侵略**…<u>文禄の役</u>（1592～1593年）、<u>慶長の役</u>（1597～1598年）と二度にわたる出兵を行ったが、秀吉の死去によって中止。

- **桃山文化**…大名や豪商による豪華で壮大な気風が特徴。障壁画（<u>狩野永徳</u>）や侘び茶（<u>千利休</u>）など。

チェック問題　　（　）に当てはまる言葉を答えよう。

Q1	室町幕府8代将軍足利義政の後継をめぐる争いを（　　）という。	A1	応仁の乱
Q2	国一揆や一向一揆により（　　）が弱体化し、下剋上が起こった。	A2	守護大名
Q3	1549年、ザビエルが鹿児島に来航し、初めて（　　）を日本に伝えた。	A3	キリスト教
Q4	1588年、（　　）は刀狩令を実施して兵農分離を行った。	A4	豊臣秀吉
Q5	（　　）文化は、狩野永徳などの狩野派による豪華な障壁画などが特徴である。	A5	桃山

04 鎌倉・室町時代

● 鎌倉幕府の機構の名称や、仏教について理解しよう。
● 室町幕府の政権の動きや、日明貿易について押さえよう。

POINT!

☐ 鎌倉時代 ◀重要▶

- **幕府の成立**…1185 年、<u>守護・地頭</u>の任命権を確保した<u>源頼朝</u>は、1192 年に<u>征夷大将軍</u>に任命されて鎌倉幕府を開き、<u>侍所</u>（軍事）、<u>公文所</u>（財政）、<u>問注所</u>（司法）を置いた。

- **将軍と御家人**…将軍は土地の権利を保障する<u>本領安堵</u>、御家人は将軍の<u>御恩</u>に報いるため、軍役など<u>奉公</u>の義務を負った（封建制度）。

- **執権政治**…<u>北条時政</u>は娘の<u>政子</u>と図って有力御家人を滅ぼし、将軍の補佐役・執権に就任し、権力を掌握した。1232 年、3 代執権<u>北条泰時</u>は、武家最初の法律である<u>御成敗式目</u>を制定。

- **承久の乱**…1221 年、<u>後鳥羽上皇</u>が倒幕運動を起こしたが敗退し、隠岐（おき）に流刑となり、幕府の支配権が確立。六波羅探題（ろくはらたんだい）を設置。

- **元寇**… 8 代執権<u>北条時宗</u>のとき、1274 年の<u>文永の役</u>、1281 年の<u>弘安の役</u>と二度の元軍による襲撃を受けたが退けた。

- **農業と商品流通の発達**…貨幣経済が浸透し、御家人の環境が変化。1297 年、<u>元寇</u>によって疲弊した<u>御家人</u>に対する金融業者の債権放棄を命じる、武家政権最初の<u>徳政令</u>（永仁の徳政令）を発布。

- **鎌倉仏教と鎌倉文化**…相次ぐ戦による社会不安が広がる中で、民衆にわかりやすい新しい仏教が誕生。彫刻や文学など、従来の貴族文化を基盤とした新しい文化も誕生。
  仏教…<u>浄土宗</u>（法然）、<u>臨済宗</u>（栄西）、<u>浄土真宗</u>（親鸞（しんらん））、<u>曹洞宗</u>（道元）、<u>日蓮宗</u>（日蓮）、<u>時宗</u>（一遍）。

彫刻…東大寺南大門金剛力士像（運慶、快慶ら）、興福寺無著・世親像（運慶ら）。

文学…『平家物語』（軍記物）、吉田兼好『徒然草』、鴨長明『方丈記』。

建武の新政と南北朝時代

- 後醍醐天皇の親政…楠木正成や新田義貞、足利尊氏の功績により、1333 年に鎌倉幕府は滅亡し、天皇親政を行った（建武の新政）。
- 南北朝時代…1338 年、足利尊氏が京都で持明院統の天皇を擁立して室町幕府を開く（北朝）。大覚寺統の後醍醐天皇は吉野に逃れ南朝を樹立。楠木正成らは南朝を支持。両朝は 1392 年まで対立。

室町時代 重要

- **室町幕府の確立**…将軍を補佐する足利一門の三家（三管領）、侍所の長官を務める四家（四職）など、守護たちの連合政権。
- **日明・日朝貿易**… 3 代将軍足利義満は日本と明（朱元璋が建国）との日明（勘合）貿易、日本と朝鮮（李成桂が建国）との貿易を開始した。
- **室町文化**…足利義満の時代に北山文化（金閣、観阿弥・世阿弥など）、8 代将軍足利義政の時代に東山文化（銀閣、雪舟など）が栄えた。

チェック問題　　（ ）に当てはまる言葉を答えよう。

Q1	1221 年、後鳥羽上皇が起こした倒幕運動を（　　　）という。	A1	承久の乱
Q2	1232 年、 3 代執権北条泰時は、（　　　）を制定した。	A2	御成敗式目
Q3	8 代執権（　　　）は 1274 年の文永の役、1281 年の弘安の役を指揮し、元軍を撤退させた。	A3	北条時宗
Q4	室町幕府 3 代将軍足利義満の時代に（　　　）文化が栄えた。	A4	北山

05 奈良・平安時代

● 鎮護国家の思想が興った背景や、
　国際関係が反映された天平文化を理解しよう。
● 藤原氏の摂関政治と国風文化について覚えよう。

☐ 奈良時代 〈重要〉

- **平城京**…710年、元明天皇が遷都し、唐の都**長安**を模範とした。地方に国府を置き、都と国府を結ぶ道路を整備。

- **聖武天皇の政治**…**鎮護国家**の思想に基づいて全国に**国分寺**、**国分尼寺**を置き、その大本山として都に東大寺大仏殿を建立した。

- **遣唐使**…630年に第1回が派遣。**阿倍仲麻呂**などが有名。また、唐から**鑑真**（がんじん）が来日し、**唐招提寺**（とうしょうだいじ）を建立。

- **荘園制度の発生**…重い負担によって口分田を捨て、逃亡する農民が急増。723年に**三世一身法**（さんぜいっしんのほう）を発布し、私有地を認めた。743年に**墾田永年私財法**（こんでんえいねん）を発布し、土地の永久にわたる私有を認めた。その結果、貴族や寺社は荘園を所有した（**墾田地系荘園**）。

- **天平文化**…遣唐使の派遣によって、唐の影響を受けた国際色の豊かさが特徴。**東大寺正倉院宝庫**（校倉造／あぜくらづくり）や唐招提寺が建立され、『古事記』『日本書紀』『万葉集』などが編纂された。

☐ 平安時代 〈重要〉

- **平安遷都**…794年、**桓武天皇**（かんむ）は**長岡京**から**平安京**に遷都。蝦夷（えみし）追討のため**坂上田村麻呂**（さかのうえのたむらまろ）を征夷大将軍として派遣。

- **律令制の見直し**…勘解由使、蔵人頭、検非違使（けびいし）など**令外官**（りょうげのかん）を設置。

- **弘仁・貞観文化**…唐から**最澄**（天台宗・比叡山延暦寺）、**空海**（真言宗・

高野山金剛峰寺（こんごうぶじ）が持ち帰った**密教**が影響を与えた。

- **藤原氏の発展**…娘を天皇の后にし、**外戚**として**摂政・関白**の要職を独占。特に**藤原道長**、**頼通**父子は絶大な権力を握った（摂関政治）。

- **国風文化**…**菅原道真**の建議により、894 年に遣唐使が廃止され、栄えた日本の独自文化。

  建築物…**寝殿造**（貴族の住宅様式）、**平等院鳳凰堂**。

  文学…**紫式部**『源氏物語』、**清少納言**『枕草子』、**紀貫之**ら編集『古今和歌集』。

- **武士の登場**…地方で成長した勢力。**桓武平氏**と**清和源氏**が台頭。

- **寄進地系荘園の広がり**…自分の土地を中央の権力者に荘園として「**寄進**」することで、実質的に荘園の管理者となって支配した。

- **院政の始まり**…1086 年、**白河天皇**は譲位したが、**上皇**となって政治の実権を保持した。

- **平治の乱**…1159 年に**平清盛**が勝利。**源頼朝**は伊豆に流刑。

- **平氏政権**…**平清盛**は**外戚**として権力を誇り、武士として初の**太政大臣**（おおわだのとまり）に就任。大輪田泊を修築し、日宋貿易を進めた。

- **源平の争乱**…1185 年、**源頼朝**の弟である**源義経**が壇ノ浦の戦いで平氏を滅亡させた。

チェック問題　（　）に当てはまる言葉を答えよう。

Q1 710 年、（　　）は唐の都長安に倣って奈良に平城京を建設した。	**A1**	元明天皇
Q2 723 年、口分田の不足を解消するために（　　）が出された。	**A2**	三世一身法
Q3 唐招提寺などを特徴とする奈良時代の文化を（　　）文化という。	**A3**	天平
Q4 794 年、（　　）は律令制の立て直しを図るため、平安京に遷都した。	**A4**	桓武天皇
Q5 遣唐使廃止によって、日本独自の（　　）文化が栄えた。	**A5**	国風

頻出度
B 06 大正・昭和前期

● 大正政変や第1次世界大戦について、
　世界史と関連させて理解しよう。
● 第2次世界大戦に至るまでの過程について確認しよう。

POINT!

☐ 大正時代 ◀重要

- **大正政変**…1913年、立憲政友会（尾崎行雄）、立憲国民党（犬養毅）は「憲政擁護」「閥族打破」をスローガンに<u>第1次護憲運動</u>を起こし、<u>桂太郎</u>内閣を倒閣。
- **第1次世界大戦**…1914年に勃発した第1次世界大戦で、日本は<u>日英同盟</u>に基づいて連合国側で参戦。1915年、中国に「<u>二十一カ条の要求</u>」を示し、山東省のドイツ権益の継承などを認めさせる。
- **大戦中の出来事**…1917年に<u>ロシア革命</u>、日本国内では<u>吉野作造</u>による「<u>民本主義</u>」が広まった。1918年に本格的な政党内閣（原敬首相）が成立。日本軍のシベリア出兵によって米価上昇を招き、「米騒動」が全国に広まる。
- **ヴェルサイユ条約とアジアの民族運動**…1919年、<u>パリ講和会議</u>で<u>ヴェルサイユ条約</u>締結。山東省のドイツ権益を日本が継承したので、中国で<u>五・四運動</u>、朝鮮で<u>三・一運動</u>が起こる。翌年、<u>国際連盟</u>が発足。
- **ワシントン体制と協調外交**…1921年、ワシントン会議において四カ国条約が締結されて日英同盟を廃棄。翌年には九カ国条約、ワシントン海軍軍縮条約が締結され、当時の加藤友三郎内閣は列強との<u>協調外交</u>を実施。
- **大戦後の出来事**…大戦での好景気の反動で戦後恐慌、1923年の関東大震災によって日本経済は大打撃を被る。

☐ 昭和前期 ◀ 重要

- **協調外交の動揺**…<u>蔣介石</u>率いる<u>国民革命軍</u>は、中国統一のための<u>北伐</u>を開始。1927 年、<u>立憲政友会・田中義一</u>内閣は<u>山東出兵</u>を開始して<u>強硬外交</u>（田中外交）を実施。田中首相失脚後、1930 年に立憲民政党・<u>浜口雄幸</u>内閣は<u>ロンドン海軍軍縮条約</u>に調印して<u>協調外交</u>を復活させた。

- **満州事変**…1931 年の<u>柳条湖事件</u>で勃発。翌年、日本軍は清朝最後の皇帝<u>溥儀</u>を擁立して<u>満州国</u>を建国。1932 年には政党内閣に不満をもつ海軍将校が<u>犬養毅</u>首相を暗殺（五・一五事件）。

- **軍部の台頭**…1936 年に陸軍皇道派の青年将校が中心となって蔵相高橋是清らを暗殺した<u>二・二六事件</u>を起こしたが鎮圧された。

- <u>**日中戦争**</u>…1937 年の<u>盧溝橋事件</u>で日中全面戦争が勃発。当時の首相<u>近衛文麿</u>は、不拡大方針を声明しつつも中国への派兵を認めた。

- **第 2 次世界大戦**…1939 年 9 月、ドイツのポーランド侵攻で開始。

- <u>**太平洋戦争**</u>…1941 年 12 月 8 日の<u>真珠湾攻撃</u>で開始。1945 年 8 月、日本は<u>ポツダム宣言</u>を受諾して敗戦。

チェック問題　( ) に当てはまる言葉を答えよう。

Q1	第 1 次世界大戦で、日本は日英同盟を理由に（ 　 ）側で参戦した。	A1	連合国
Q2	1931 年、日本は（ 　 ）事件を起こして中国東北部へ軍事進出した。	A2	柳条湖
Q3	1936 年、陸軍将校は（ 　 ）事件を起こしたが鎮圧された。	A3	二・二六
Q4	1937 年、（ 　 ）事件を契機に日中戦争が勃発した。	A4	盧溝橋
Q5	1945 年、日本が（ 　 ）を受諾して第 2 次世界大戦が終了した。	A5	ポツダム宣言

07 戦後史

●終戦直後の民主化政策によって、
　日本がどのように改革されたのか、よく理解しよう。
●政治経済分野とも絡めて整理しておこう。

POINT!

---

1. 占領期 ◀重要

衆議院議員選挙法改正	選挙資格を満20歳以上の男女とする。
労働組合結成の助長	労働組合法が制定され、<u>労働三権</u>を保障。
教育制度の自由化	教育基本法の制定によって義務教育は<u>9</u>年。
経済の民主化	<u>財閥解体</u>、<u>農地改革</u>の実施。
圧政的諸制度の撤廃	治安維持法などの撤廃。

- **占領下の民主化政策**…<u>吉田茂</u>内閣が実施。

経済安定9原則	超インフレを抑制させるため物価を統制。
<u>ドッジ・ライン</u>	GHQ財政顧問・ドッジによる超均衡予算。
シャウプ勧告	超均衡予算のために<u>所得税</u>中心の税制を勧告。

- **日本国憲法の制定**…1946年11月3日公布。<u>民定憲法</u>。
- **冷戦**…1949年、西側の軍事同盟である<u>北大西洋条約機構</u>（NATO）
  結成に対して1955年、東側諸国は<u>ワルシャワ条約機構</u>を結成。
  1950年、<u>朝鮮戦争</u>が勃発。その結果、日本は<u>特需</u>景気がおこる。
- **サンフランシスコ平和条約**…1951年9月、<u>サンフランシスコ講
  和会議</u>で平和条約と同時に<u>日米安全保障条約</u>を締結。

2. 独立後の日本

- **日ソ国交回復**…1956 年の<u>日ソ共同宣言</u>で鳩山一郎内閣が実現。
- **安保闘争**…1957 年に岸信介内閣成立。1960 年の日米新安全保障条約の批准をめぐる闘争。批准成立後、岸内閣は退陣。
- **高度経済成長**…1960 年、<u>池田勇人</u>内閣は<u>所得倍増計画</u>を発表。1964 年に東京オリンピック開催。1973 年の第 1 次石油危機まで高い率の経済成長を達成。
- **バブル景気**…1980 年代に<u>日米貿易摩擦</u>が激化し、1985 年の<u>プラザ合意</u>で急激な円高が進行。1989 年 12 月、日経平均株価最高値（バブル景気）。
- **冷戦崩壊、構造改革**…1985 年、ソ連の<u>ゴルバチョフ</u>が<u>ペレストロイカ</u>を開始。1989 年 11 月、<u>ベルリンの壁</u>崩壊。1990 年、<u>ドイツ統一</u>。1993 年、総選挙で非自民政権誕生（55 年体制の崩壊）。2001 年に小泉純一郎内閣が成立し、規制緩和政策を実施。

チェック問題　（　）に当てはまる言葉を答えよう。

Q1 教育基本法が制定され、（　　　）は 9 年とされた。	**A1**	義務教育
Q2 シャウプ勧告は（　　　）税中心の税制を勧告したものである。	**A2**	所得
Q3 朝鮮戦争は日本に（　　　）景気をもたらした。	**A3**	特需
Q4 1951 年、日本は（　　　）条約に調印し、主権を回復した。	**A4**	サンフランシスコ平和
Q5 1960 年、池田内閣は（　　　）計画を発表し、経済成長を重視した。	**A5**	所得倍増

B 08 原始・古墳・大和・飛鳥時代

頻出度

● 縄文時代と弥生時代の違いを、
生活様式などの側面から整理しよう。
● 中国や朝鮮との関係について押さえよう。

POINT!

□ 原始時代

- **旧石器時代**…<u>打製石器</u>を使用してナウマンゾウなどの大型動物を狩猟。群馬県の<u>岩宿遺跡</u>が代表的。

- **縄文時代**…縄文土器の使用によって食材が豊かになり、定住化が進み、<u>竪穴住居</u>が出現。東京都の<u>大森貝塚</u>、青森県の<u>三内丸山遺跡</u>が代表的。

- **弥生時代**…弥生土器を使用。<u>水稲耕作</u>が主流になり、<u>青銅器</u>や<u>鉄器</u>の使用が特徴。米の備蓄のため<u>高床式倉庫</u>が見られ、静岡県の登呂遺跡、佐賀県の<u>吉野ヶ里遺跡</u>（環濠集落）が代表的。

- **小国の分立時代**…『漢書』地理志によれば、紀元前1世紀頃、倭人は百余りの小国を分立。『<u>後漢書</u>』<u>東夷伝</u>によれば、紀元57年に倭の奴の国王が後漢の皇帝に使いを送り、印綬（金印）を受けたと記録。

- **邪馬台国**…3世紀前半、「<u>魏志</u>」<u>倭人伝</u>によれば、倭国の大乱を女王<u>卑弥呼</u>が収束させ、約30の国々を支配。

□ 古墳・大和時代

- **大和王権**…3世紀頃、<u>前方後円墳</u>の大きさと分布から、近畿地方に成立したとされる。

- **渡来人**…大陸から<u>須恵器</u>、<u>鉄製の武器</u>や漢字、<u>仏教</u>などを伝えた。

- **氏姓制度**…大王が豪族に姓を与え、政治的な地位を保障し、中央集権化を図った。血縁的な結びつきを氏という。
- **古墳文化**…世界最大の前方後円墳として大仙陵古墳が世界文化遺産に登録。周囲には埴輪が置かれた。
- **朝鮮半島情勢の緊迫化**…「高句麗広開土王碑（好太王碑）」によれば、4世紀に高句麗と交戦。

□ 飛鳥時代と律令国家の形成 ◀重要

- **厩戸王**（聖徳太子）…592年に即位した女帝推古天皇の補佐として、政治を開始。冠位十二階や憲法十七条の制定、遣隋使の派遣を実施。
- **乙巳の変**（大化改新）…645年、中大兄皇子と中臣鎌足が蘇我蝦夷・入鹿父子を殺害。律令に基づく中央集権国家の建設をめざす。
- **天智天皇**…中大兄皇子。663年、白村江の戦いで唐・新羅連合軍に敗退し、内陸にある近江へ遷都後、即位。670年に初めての全国的な戸籍である「庚午年籍」を作成した。
- **律令国家**…701年に大宝律令が完成し、中央集権化が進展。
- **飛鳥文化**…現存する最古の木造建築物である法隆寺や、法隆寺金堂の釈迦三尊像、玉虫厨子など。

チェック問題 （　）に当てはまる言葉を答えよう。

Q1	岩宿遺跡から（　）が発見され、日本でも旧石器時代が確認された。	A1 打製石器
Q2	（　）時代は（　）土器や竪穴住居、貝塚などが特徴である。	A2 縄文
Q3	（　）時代は（　）土器や高床式倉庫、稲作の普及などが特徴である。	A3 弥生
Q4	前方後円墳や埴輪などを特徴とする時代の文化を（　）文化という。	A4 古墳

日本史

頻出度B

08 原始・古墳・大和・飛鳥時代

A 01 市民革命

● イギリスとフランスにおける市民革命の共通点と
相違点について、整理しながら理解しよう。

POINT! ● 同時代の日本と関連させて覚えよう。

1. イギリスの市民革命 ◀重要

- **ピューリタン革命**（1642～1649年）…国王**チャールズ1世**の専制
  に対して、議会が不当な課税や、人身を不当に拘束することなど
  への禁止を求めた**権利の請願**を提出。**チャールズ1世**は承認し
  たが、その後11年も議会を招集せずに**権利の請願**を無視したの
  で、王党派と議会派が対立して**ピューリタン**（清教徒）**革命**が勃発。
  クロムウェルが率いる議会派が勝利して**チャールズ1世**は1649
  年に処刑された。

- **共和政**（1649～1660年）…議会派の**クロムウェル**は護国卿として
  独裁政治を行い、アイルランド、スコットランド遠征を実施した。
  彼の死後、共和政は終了。

- **王政復古**（1660～1688年）…大陸に亡命していた**チャールズ2世**
  が帰国して王政を復古。彼はカトリック復興政策を実施したので、
  議会は1673年に**審査法**（公職は国教徒に限定）、1679年に**人身保
  護法**（不当な逮捕を禁止）を制定。

- **名誉革命**（1688～1689年）…**チャールズ2世**の死後、弟の**ジェー
  ムズ2世**が即位したがカトリックであったため、議会は彼を追放
  し、1689年に**権利の章典**を制定。彼の娘でプロテスタントの**メ
  アリ**と夫の**ウィリアム**がともにイギリス国王に即位。

2. アメリカの独立 ◀重要

- **イギリスの植民地政策**…18世紀半ば、戦争での財政逼迫(ひっぱく)を理由に、イギリス本国は植民地アメリカに一方的に砂糖や印刷物への課税を決定。「代表なくして課税なし」として、植民地側は反対。

- **アメリカ独立戦争**（1775～1783年）…1773年の<u>ボストン茶会事件</u>を契機に、1775年から植民地軍とイギリス本国軍との戦争が勃発。1776年、<u>トマス・ペイン</u>『コモン・センス』の発売により独立論が湧き上がり、1776年7月4日に<u>独立宣言</u>がフィラデルフィアで発表。1783年のパリ条約で、イギリスは独立を承認。

☐ **フランス革命（1789～1799年）**

- **革命の勃発と終結**…1789年7月14日、パリ市民がバスティーユ牢獄を襲撃した。1793年、国民公会は国王**ルイ16世**、王妃**マリー・アントワネット**を処刑。ジャコバン派の独裁で混乱するが、1799年に革命は終結。その後、1804年に**ナポレオン**が国民投票で皇帝に即位した。

チェック問題　　（　）に当てはまる言葉を答えよう。

Q1	ピューリタン革命で議会派を指導した人物は（　）である。	A1	クロムウェル
Q2	Q1の人物は国王チャールズ1世を処刑して（　）政を樹立した。	A2	共和
Q3	イギリスの植民地であったアメリカは「（　）」を合言葉に印紙法に反対した。	A3	代表なくして課税なし
Q4	1776年7月4日、アメリカの（　）がフィラデルフィアで発表された。	A4	独立宣言
Q5	（　）年7月14日、パリ市民がバスティーユ牢獄を襲撃して、フランス革命が勃発した。	A5	1789

02 帝国主義政策

●第1次世界大戦勃発の主な要因について、よく理解しよう。
●バルカン半島の情勢について押さえよう。

POINT!

1. ドイツの統一 ◀重要

- **ヴィルヘルム1世**…1861年、プロイセン国王に即位。翌年、首相にビスマルクが就任。

- ビスマルクの**鉄血政策**…富国強兵、対外強硬政策によって軍備を拡張。普墺(ふおう)戦争(1866年)でオーストリア、普仏戦争(1870〜1871年)ではナポレオン3世に勝利し、**アルザス・ロレーヌ**を得る。

- **ドイツ帝国の成立**…1871年、ヴィルヘルム1世が皇帝に即位。

- ビスマルクの**「アメとムチ」政策**…社会保障政策の推進と社会主義者鎮圧法の制定。

- **ビスマルク体制**…**三国同盟**(ドイツ・オーストリア・イタリア)を締結してフランスの国際的な孤立を図った。

2. ドイツとイギリスの対立 ◀重要

- **イギリスのアフリカ縦断政策**…アフリカの南北を押さえる**3C政策**(カイロ・ケープタウン・カルカッタ)を推進。

- **ドイツのアジア侵出政策**…イギリスに対抗して**3B政策**(ベルリン・ビザンチウム・バグダード)を推進。ヴィルヘルム2世はビスマルクを退陣させ、**「世界政策」**を掲げて**帝国主義路線**に邁進。

□ 第1次世界大戦 ◀ 重要

- 「欧州の火薬庫」…バルカン半島が汎スラブ主義（ロシア）VS 汎ゲルマン主義（ドイツ・オーストリア）の対立の場となる。

- サラエヴォ事件…1914年6月、セルビア人の青年がオーストリア皇太子夫妻を暗殺。

- 開戦…サラエヴォ事件をきっかけに、オーストリアはドイツの支援を得て、セルビアに宣戦。ロシアはセルビアを支援し、ドイツはロシアとフランスに宣戦。協商国（連合国）側（イギリス・フランス・ロシアなど）と同盟国側（ドイツ・オーストリアなど）の対立となる。

- アメリカの参戦…当初、中立であったが1917年、ドイツの無制限潜水艦作戦による被害のため世論が参戦を後押し。

- ロシア革命…大戦中の1917年に、ロシアで勃発した社会主義革命（2月革命、10月革命）。1922年には史上初の社会主義国家（ソビエト社会主義共和国連邦）が誕生した。

- 連合国側の勝利…1919年にパリ講和会議が開催され、ヴェルサイユ条約が締結。ドイツの非軍事化（ヴェルサイユ体制の始まり）。

チェック問題　（　）に当てはまる言葉を答えよう。

Q1	ビスクマルクが実施した 軍備拡張政策を（　）政策という。	A1 鉄血
Q2	イギリスによるアフリカ縦断政策を （　）政策という。	A2 3C
Q3	ドイツによるアジア侵出政策を （　）政策という。	A3 3B
Q4	第1次世界大戦の契機となった事件を （　）事件という。	A4 サラエヴォ
Q5	1917年のロシア革命によって 史上初の（　）国家が誕生した。	A5 社会主義

03 第2次世界大戦後の現代世界

●戦後の冷戦体制を理解し、日本の動きも整理しよう。
●冷戦後の出来事について、最新の時事問題を確認しながら理解しよう。

POINT!

☐ 東西冷戦 ◀重要

1946年	3	チャーチル「鉄のカーテン」演説
1947年	3	トルーマン・ドクトリン（対ソ封じ込め）
	6	マーシャル・プラン（欧州経済復興援助計画）表明
1948年	5	第1次中東戦争（イスラエルの独立宣言が契機）
	6	ベルリン封鎖
1949年	9	西ドイツ成立
	10	中華人民共和国成立
		東ドイツ成立
1950年	6	朝鮮戦争（1953年7月休戦協定）
1951年	9	サンフランシスコ講和会議
1955年	4	第1回アジア・アフリカ会議（AA会議）
	5	ワルシャワ条約機構結成
1959年	1	キューバ革命
1961年	8	東ドイツ、ベルリンの壁構築
1962年	10	キューバ危機
1965年	2	アメリカ、北ベトナム爆撃開始（ベトナム戦争）
1973年	10	第4次中東戦争　第1次石油危機
1979年	1	イラン革命　第2次石油危機

| 1980年 | 7 | 西側諸国、**モスクワ**五輪ボイコット |
| | 9 | **イラン・イラク**戦争 |

1. 冷戦後の現代世界 ◀ 重要

1989年	6	天安門事件
	11	ベルリンの壁崩壊
1990年	10	東西ドイツ統一
1991年	1〜4	湾岸戦争
	12	ソ連解体
1993年	11	欧州連合（EU）成立
1997年	7	香港返還、アジア通貨危機
2001年	9	アメリカ同時多発テロ事件
	10	アメリカ、アフガニスタン攻撃
2003年	3	イラク戦争
2008年	9	世界金融危機（リーマン・ショック）
2016年	6	イギリス、国民投票で EU 離脱賛成派が過半数
2020年	1	WHO が緊急事態宣言（新型コロナウイルス感染症）

チェック問題　（　）に当てはまる言葉を答えよう。

Q1 1947 年に表明された、アメリカによる
欧州復興のための計画を（　　）という。
A1 マーシャル・プラン
（欧州経済復興援助計画）

Q2 1962 年に起きた、アメリカとソ連による
全面核戦争の危機を（　　）危機という。
A2 キューバ

Q3 1965 年に起きた、アメリカの北爆が契機
となった戦争を（　　）戦争という。
A3 ベトナム

Q4 1989 年に起きた、中国の民主化運動が
弾圧された事件を（　　）事件という。
A4 天安門

B 04 東アジアの世界

● 中国の各王朝の名称や特徴について、
　時代背景を踏まえながら理解しよう。
● 後漢から清にかけて、同時代の日本との関係を意識しよう。

POINT!

1. 中国の歴代王朝 ◀重要

王朝名	年代	特色
殷	紀元前 16 世紀頃	黄河中流域に成立。甲骨文字、神権政治が特徴。
周	紀元前 11 世紀頃	封建制度を採用。漢字の使用。
春秋戦国時代	紀元前 8 ～ 3 世紀	弱肉強食の時代。儒家の孔子（仁の心と礼節重視）や道家の老子（無為自然）など、様々な思想家が多く誕生（諸子百家）。
秦	紀元前 221 年	始皇帝が中国統一。郡県制を採用。匈奴の侵入に備え、万里の長城を修復。思想弾圧（焚書坑儒）を行った。
漢	紀元前 202 年	項羽と農民出身の劉邦の争いの結果、劉邦が漢の高祖になった。長安に都を置き、郡県制を改め、郡国制を採用。
	紀元前 2 世紀後半	7 代皇帝武帝は中央集権化を徹底させる目的で元号を定め、暦の改革も実施。司馬遷は『史記』を編纂。
	25 年	光武帝が漢を再興（後漢）。
	184 年	大規模な農民反乱である黄巾の乱が発生。
三国時代	220 ～ 280 年	曹操（魏）、孫権（呉）、劉備（蜀）による分立。『三国志』。
隋	581 年	初代文帝は都を長安に置き、均田、科挙制度を採用。2 代皇帝煬帝は黄河と長江を結ぶ大運河を建設。高句麗遠征は失敗に終わった。
唐	618 年	李淵が建国。律（刑法）令（行政法）制度、租（穀物）庸（肉体労働）調（絹や綿の提供）制度を導入。6 代皇帝玄宗による治世（開元の治）で空前の繁栄。
	755 年	安史の乱が起こり、衰退。
宋	960 年	趙匡胤が建国。科挙による文治主義。王安石が改革を実施したが北方民族の脅威に直面。
	1127 年	南宋として再建。

	1271年	**チンギス・ハン**の孫**フビライ・ハン**が第5代皇帝になると、都を大都（現在の北京）に移し、国号を中国風の<u>元</u>と定める。二度にわたる日本派兵が失敗。農民反乱（**紅巾の乱**）をきっかけに建国された、漢民族国家である<u>明</u>に敗退。
<u>元</u>		
<u>明</u>	1368年	<u>朱元璋</u>（<u>洪武帝</u>）が建国。<u>里甲制</u>を採用。<u>倭寇</u>による襲撃のため<u>海禁政策</u>を実施。3代皇帝<u>永楽帝</u>は<u>鄭和</u>を南方諸国へ派遣。しかし、北方及び南方からの侵入で衰退（<u>北虜南倭</u>）。
<u>清</u>	1616年	<u>ヌルハチ</u>（<u>太祖</u>）が後金を建国。
	1636年	2代皇帝<u>ホンタイジ</u>（<u>太宗</u>）は国号を<u>清</u>と改める。6代皇帝<u>乾隆帝</u>の時代に領土は最大となった。
	1840年	<u>アヘン戦争</u>でイギリスに敗退。
	1911年	<u>辛亥革命</u>
	1912年	<u>孫文</u>は<u>中華民国</u>の建国を宣言し、アジア最初の共和国が誕生。

2. 朝鮮の歴代王朝

- **三国（高句麗・百済・新羅）から高麗、李氏朝鮮へ**…1392年、<u>李成桂</u>が<u>朝鮮</u>を建国。<u>朱子学</u>を重視し、<u>科挙</u>に合格した官僚（<u>両班</u>）を登用。第4代国王<u>世宗</u>は<u>ハングル</u>を公布。秀吉の出兵後、江戸時代には通信使を派遣。

チェック問題　（　）に当てはまる言葉を答えよう。

Q1 孟子や孔子などの諸子百家が現れた時代を（　　　）時代という。

A1 春秋戦国

Q2 紀元前221年、（　　　）は中国で初の統一王朝を打ち立てた。

A2 始皇帝

Q3 （　　　）王朝の2代皇帝煬帝は、大運河の建設などを行った。

A3 隋

Q4 チンギス・ハンの孫（　　　）は元王朝を建国し、日本にも二度出兵した。

A4 フビライ・ハン

Q5 朝鮮半島は（　　　）が統一した。

A5 李成桂

B 05 中世ヨーロッパの世界

●皇帝と教皇の関係について、その後の絶対王政と
比較しながら整理しておこう。
●十字軍について、ルネサンス (➡P54) と絡めて理解しよう。

POINT!

---

1. 西ヨーロッパ社会の成立 ◀重要

- **西ローマ帝国の滅亡**…アジア系の遊牧民**フン人**の進出により、ローマ帝国の北方から**ゲルマン人**が流入 (**ゲルマン人の大移動**)。以後2世紀にわたり、数十万人が帝国内に移住。395 年、ローマ帝国が**東西分裂**。476 年、ゲルマン人の傭兵隊長であったオドアケルによって滅亡。

- **フランク王国の誕生**…**クローヴィス**が 5 世紀末に建国。496 年に国を挙げてキリスト教カトリックに改宗。その後、**ローマ教皇**はフランク王国に支援を要求。756 年、フランク王**ピピン**はローマ周辺の土地を教皇に寄進 (**ピピンの寄進**)。西ヨーロッパの大部分を支配。

- **聖像禁止令**…ローマ教会は西ローマ帝国滅亡後、**ビザンツ帝国**の保護下にあったが、726 年の聖像禁止令をめぐってローマ教皇と**ビザンツ帝国**は対立。識字率が低かった**ゲルマン人**にとって、聖像は不可欠だった。800 年、**ローマ教皇**は新たに「**ローマ皇帝**」を誕生させた。

- **神聖ローマ帝国**…800 年、**ピピン**の子**カール大帝**がローマ教皇から戴冠されて西ローマ帝国が復活。9 世紀半ば、フランク王国は、フランスの元となった**西フランク王国**、イタリアの元となった**イタリア王国**、ドイツの元となった**東フランク王国**に分裂。特に**東フランク王**のオットー1世はローマ教皇から**ローマ皇帝**の冠を授

けられ、以後、東フランク王国が「**神聖ローマ帝国**」となった。

• **叙任権闘争**…**ローマ教皇**の**グレゴリウス7世**は諸侯や国王、皇帝の叙任権を否定。神聖ローマ皇帝**ハインリヒ4世**は、**グレゴリウス7世**の方針に反発。その結果、**ローマ教皇**は皇帝を破門。1077年、皇帝は教皇への謝罪を決意（**カノッサの屈辱**）。その結果、**ローマ教皇**の権威が確立された。

☐ 十字軍

• **十字軍遠征**…1095年、**ローマ教皇**の**ウルバヌス2世**が、クレルモン宗教会議にてキリスト教の聖地であるエルサレム奪還を呼びかけ、第1回**十字軍**（1096〜1099年）を含めて、計7回の遠征を実施。失敗に終わり、**ローマ教皇**の権威は失墜した。

• **十字軍の影響**…遠征を契機に内陸部に交易路が広がり、各地に「**遠隔地貿易**」を行う中世の**商業都市**が誕生。

> 十字軍遠征は、北イタリアでルネサンス文化が
> 興ったきっかけにもなったよ。

チェック問題　（　）に当てはまる言葉を答えよう。

Q1	ゲルマン民族の移動によって、（　　　）が滅んだ。	A1	西ローマ帝国
Q2	オットー1世がローマ教皇より戴冠され、（　　　）を創始した。	A2	神聖ローマ帝国
Q3	教皇ウルバヌス2世がクレルモン宗教会議を開いて（　　　）遠征を決定した。	A3	十字軍
Q4	キリスト教の聖地奪回は失敗し、（　　　）の権威は失墜した。	A4	ローマ教皇
Q5	十字軍の遠征を機に、（　　　）を行う商業都市が誕生した。	A5	遠隔地貿易

06 ルネサンス・絶対王政

● ルネサンス期の文学や美術について、整理して覚えよう。

● 日本史との融合問題対策として、同時代の日本の出来事も併せてチェックしておこう。

POINT!

☐ ルネサンス ◀ 重要

- **ローマ教会の変容**…十字軍の失敗によって権威失墜。聖ピエトロ大聖堂建築の費用捻出のため、ローマ教皇**レオ 10 世**（在位 1513 〜 1521 年）は**免罪符**を発行。**ペスト蔓延**による不安のため、多くの民衆は買い求めた。1517 年、ドイツの神学者**ルター**は「**95 か条の論題**」を発表し、ローマ教皇に反発。「抗議する者＝**プロテスタント**」が発生。

- **ルネサンス人文主義**…14 〜 16 世紀にかけて、人間中心の生き方を見出し、キリスト教以前のギリシア、ローマの学問・文化を再生（ルネサンス）させようとする動きがイタリアの**フィレンツェ**を中心に始まった。

  美術…**ラファエロ**『大公の聖母』、**レオナルド・ダ・ヴィンチ**『最後の晩餐』、**ミケランジェロ**『最後の審判』など。

  文学…**ダンテ**『神曲』、**ボッカッチョ**『デカメロン』など。

  グーテンベルクによって実用化された**活版印刷**によって、文学作品が広まった。

- **カルヴァン主義**…1536 年、フランスの宗教学者**カルヴァン**が『**キリスト教綱要**』を発表し、**プロテスタント**思想の基本書となった。カルヴァンはその後、カトリック教徒からの迫害でスイスに亡命。

□ **絶対王政**

- **スペイン**…国王**フェリペ2世**（在位 1556 ～ 1598 年）は**レパントの海戦**（1571 年）で**オスマン帝国**を撃退。1580 年、**ポルトガル**を併合して「太陽の沈まぬ国」といわれる世界帝国を建設。プロテスタントが多い**ネーデルラント**にカトリックを強要した。現地の貴族達は反発し、**オランダ独立戦争**(1568 ～ 1609 年)が行われた。1581 年、オランダはスペインからの独立を宣言。首都**アムステルダム**は世界の金融と貿易の中心となり、17 世紀に世界経済の覇権を掌握。
- **イギリス**…国王**ヘンリ8世**が、王妃との離婚を認めないローマ教皇と対立し、1534 年に**国教会**を成立させた。彼の娘で女王となった**エリザベス1世**（在位 1558 ～ 1603 年）は 1588 年に**フェリペ2世**の**無敵艦隊**「アルマダ」を破り、スペインに代わって大国へと成長。
- **フランス**…国王ルイ 14 世（在位 1643 ～ 1715 年）は、**コルベール**を財政担当に任命して**重商主義政策**を実施。**王権神授説**によって「朕は国家なり」と唱えるほどの権力を誇り、**ヴェルサイユ宮殿**の拡張などを実施した。

チェック問題 （　）に当てはまる言葉を答えよう。

Q1 ルネサンスの中心都市はイタリアの（　　）である。　A1 フィレンツェ

Q2 （　　）は、『最後の晩餐』の作者である。　A2 レオナルド・ダ・ヴィンチ

Q3 （　　）は、『神曲』の著者である。　A3 ダンテ

Q4 スペイン国王（　　）は、レパントの海戦でオスマン帝国を撃退した。　A4 フェリペ2世

Q5 イギリス女王（　　）は、スペインの無敵艦隊を破った。　A5 エリザベス1世

07 文明のあけぼの

● 四大文明のそれぞれの特徴について整理しよう。
● ギリシアの都市国家やローマ帝国の
繁栄から衰退までの流れについて、よく確認しておこう。

POINT!

1. オリエントの古代文明 重要

- **オリエント世界**…「太陽が昇るところ」という意味で、古代ローマから見て東方にある<u>メソポタミア</u>、<u>エジプト</u>を指す。
- <u>メソポタミア文明</u>…紀元前 3000 年頃、<u>ティグリス川</u>と<u>ユーフラテス川</u>の流域に都市国家が成立。シュメール人が<u>楔形</u>文字を発明。ヒッタイト人は、初めて鉄器を本格的に使用し、<u>メソポタミア</u>を支配。その後、フェニキア人は自らの言葉を表すフェニキア文字（<u>アルファベット</u>の起源）を使用。
- <u>エジプト文明</u>…紀元前 3000 年頃、ナイル川流域で統一国家が誕生。古代エジプトの王<u>ファラオ</u>は、太陽の化身として政治を行う。<u>ファラオ</u>の記録を残すために、象形文字である<u>ヒエログリフ</u>を使用した。

●四大文明

文明	かかわりの深い大河	文字
エジプト文明	ナイル川	ヒエログリフ
メソポタミア文明	ティグリス川、ユーフラテス川	楔形文字
インダス文明	インダス川	インダス文字
中国文明	黄河	甲骨文字

2. ギリシアとローマ ◀重要

- **都市国家の形成**…紀元前8世紀、都市国家**ポリス**が成立。中心には神殿や広場(アゴラ)を設置。アテネには**パルテノン神殿**を建立。**ソクラテス**や**プラトン**、**アリストテレス**などの哲学者が誕生。

- **ギリシア民主政治**…独裁政治を未然に防ぐ「陶片追放(とうへん)」。18歳以上の市民権をもつ男性すべてに参政権が与えられた。

- **アレクサンドロス**の**東方遠征**…ギリシアの北部マケドニアの王**ア****レクサンドロス**の東方遠征によって地中海交易が活発になり、**ヘ****レニズム文化**が誕生。

- **ローマ帝国の繁栄**…紀元前27年、**カエサル**の養子**オクタヴィア****ヌス**が初代皇帝に即位。歴代の皇帝は民衆に「パンとサーカス」を与えて支持を得た。2世紀、**トラヤヌス帝**の時代に領土が最大。

- **キリスト教の成立**…313年、**コンスタンティヌス帝**は**キリスト教**を公認。392年、テオドシウス帝によって**国教化**。

- **ローマ帝国の解体**…330年、**コンスタンティヌス帝**はビザンティウム(現在のイスタンブール)に遷都し、**コンスタンティノープル**と改称。395年に東西に分裂し、西ローマ帝国は476年に滅亡。

チェック問題	( )に当てはまる言葉を答えよう。

Q1 ( )世界は、メソポタミア、エジプトを指す。	**A1** オリエント
Q2 フェニキア人は( )の起源とされるフェニキア文字を使用した。	**A2** アルファベット
Q3 ティグリス川とユーフラテス川の流域に( )文明が発生した。	**A3** メソポタミア
Q4 ギリシアでは、アテネやスパルタなどの都市国家( )が成立した。	**A4** ポリス
Q5 トラヤヌス帝の時代、( )帝国の領土は最大になったが、後に東西分裂した。	**A5** ローマ

頻出度
C 08 ヴェルサイユ体制の崩壊と
第2次世界大戦

POINT!
●第2次世界大戦が起こった経緯について、
　時系列で整理しながら理解しよう。
●連合国と枢軸国の衝突について、理解しよう。

☐ 第2次世界大戦

1935年	3	ドイツの<u>再軍備</u>、徴兵制の復活
1936年	3	ドイツ、<u>ロカルノ</u>条約破棄 ヴェルサイユ体制の崩壊
1938年	3	ドイツ、<u>**オーストリア**</u>併合
	9	<u>**ミュンヘン**</u>会談（ドイツへの宥和政策）
1939年	8	<u>独ソ不可侵条約</u>
	9	ドイツの<u>ポーランド</u>侵攻　第2次世界大戦勃発 （連合国：米英ソ仏中など VS 枢軸国：日独伊）
1940年	9	<u>日独伊三国軍事</u>同盟（<u>枢軸国</u>）
1941年	4	<u>日ソ中立条約</u>
	6	独ソ開戦
	8	大西洋憲章宣言（第2次世界大戦後の戦後処理構想）
1943年	9	イタリアの無条件降伏
	11	<u>**カイロ**</u>会談
1944年	6	連合国がノルマンディー上陸　連合国側の反撃

1945年	2	**ヤルタ**会談（米英ソ首脳会談／ソ連の対日参戦）
	4	**サンフランシスコ**会議、国際連合憲章
	5	ドイツの無条件降伏
	8	日本、**ポツダム**宣言受諾
	9	第2次世界大戦終了

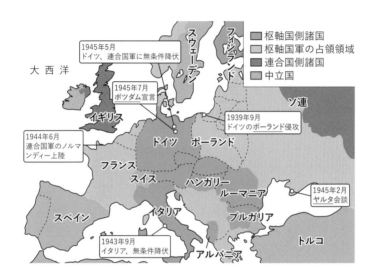

大西洋

1945年5月
ドイツ、連合軍に無条件降伏

1945年7月
ポツダム宣言

1944年6月
連合国軍のノルマンディー上陸

1939年9月
ドイツのポーランド侵攻

1945年2月
ヤルタ会談

1943年9月
イタリア、無条件降伏

枢軸国側諸国
枢軸国軍の占領領域
連合国側諸国
中立国

スウェーデン
フィンランド
イギリス
ソ連
ドイツ
ポーランド
フランス
スイス
ハンガリー
ルーマニア
ブルガリア
スペイン
イタリア
トルコ
アルバニア

チェック問題　（　）に当てはまる言葉を答えよう。

Q1 1938年、ドイツが（　　）を併合した。　**A1** オーストリア

Q2 1939年、ドイツが（　　）に侵攻して
第2次世界大戦が勃発した。　**A2** ポーランド

Q3 1940年、（　　）三国軍事同盟が締結された。　**A3** 日独伊

Q4 1945年の（　　）会談で
ソ連の対日参戦が決定した。　**A4** ヤルタ

Q5 日本が（　　）宣言を受諾して
第2次世界大戦が終結した。　**A5** ポツダム

01 西洋の思想

●経験論と合理論の違いを確認しておこう。
●思想家の人名と、その主著を結びつける出題が
見られるので、整理しておこう。

POINT!

1. 科学的精神の誕生 ◀重要

- **経験論**…知識は感覚的経験を基礎として成立するとする思想。イギリスの**フランシス・ベーコン**が先駆者。**イドラ**（偶像・幻影）といわれる先入観を取り除いた冷静な観察や実験から、一般的な法則を導き出す**帰納法**を提唱した（「**知は力なり**」）。

- **合理論**…知識は人間に先天的に備わっている理性の働きによって生まれるという思想。フランスの**デカルト**が代表的。明白な真理から個々の結論を導き出す**演繹法**を説いた。そして、何事も疑ってみるという**方法的懐疑**によって、疑いつつある自分は間違いなく存在するという結論に至った（「**我思う、故に、我あり**」）。

2. 人間の尊重 ◀重要

- **パスカル**…フランスの思想家。彼の遺著『**パンセ**』において、「**人間は考える葦である**」として、人間は自らの卑小さを自覚できるという点で偉大であると主張。

- **カント**…ドイツの哲学者。人間は自らの意思で行動できる自由な主体（**人格**）であるとし、互いの**人格**を尊重し合う社会（**目的の王国**）を理想とした。**国際平和機関**の設立を提唱。

- **ヘーゲル**…ドイツの哲学者。**カント**を批判し、相反するものが対立や矛盾を契機に発展していく論理（**弁証法**）を提唱。

3. 民主主義の理論

- **ベンサム**…イギリスの功利主義哲学者。立法は「<u>最大多数の最大幸福</u>」をしなければならないと説いた。
- **ハーバーマス**…ドイツの哲学者。多数決の原理は横暴となる危険性があるので、<u>対話的理性</u>が必要と主張。
- **フロム**…ドイツの社会心理学者。主著『<u>自由からの逃走</u>』で、大衆社会のもつ危険性について指摘。
- **リースマン**…アメリカの社会学者。主著『<u>孤独な群衆</u>』で、マスメディアによって他人の言動に同調する大衆を<u>他人指向型人間</u>と名づけた。

□ 実存主義

- **キルケゴール**…デンマークの思想家。主著『<u>死にいたる病</u>』。
- **ニーチェ**…ドイツの哲学者。「<u>神は死んだ</u>」（キリスト教の没落）。
- **サルトル**…フランスの哲学者。「<u>実存は本質に先立つ</u>」。

チェック問題　　（　）に当てはまる言葉を答えよう。

Q1 イギリスのフランシス・ベーコンは、（　　　　）法を提唱した。	**A1**	帰納
Q2 フランスのデカルトは、明白な真理から個々の結論を導き出す（　　　　）法を提唱した。	**A2**	演繹
Q3 ドイツの哲学者ヘーゲルは、カントを批判し、（　　　　）法を提唱した。	**A3**	弁証
Q4 ドイツの思想家（　　　　）は、主著『自由からの逃走』で、大衆社会のもつ危険性について指摘した。	**A4**	フロム
Q5 デンマークの思想家（　　　　）は、実存主義を唱え、その先駆者となった。	**A5**	キルケゴール

●それぞれの思想家の特徴について整理しよう。
●世界の宗教について、特にキリスト教とイスラム教の
ルーツはユダヤ教にあることを理解しよう。

POINT!

1. ギリシアの思想 ◀重要

- **ソクラテス**…人間にとって重要なことは「**善く生きる**」ことで、**問答法**によってアテネ市民に問いかけ、「**無知の知**」こそが真の知を探求する契機にほかならないと主張。
- **プラトン**…ソクラテスの弟子であり、師の追求を**イデア**（真理）の追求ととらえ、**イデア**を求める情熱は**エロース**（愛・恋）であり、**哲学**（愛智）の精神であるとした。
- **アリストテレス**…理性を働かせて極端な行動に走らない**中庸**を人間の徳と考え、人間を「**ポリス的動物**」ととらえた。

2. 古代中国の思想 ◀重要

- **孔子**…人間としての真実な生き方を求め、それは「**仁**」という徳と、それを行動に表した「**礼**」という徳が備わるものと考えた。『論語』（孔子の言行録）。
- **孟子**…人間の本性は善であるとする**性善説**を説き、他者の痛みや悲しみがわかる**惻隠の心**を重視する**王道政治**を理想とした。
- **老子**…道家の祖である**老子**は儒家の思想を批判し、万物の根源を「**道**」と名づけ、「**無為自然**」のまま生きることが理想で、必要最小限の人で成立する小さな共同体を「**小国寡民**」と呼んだ。

□ 世界の宗教

	ユダヤ教	キリスト教	イスラム教	仏教
開祖	(モーセ)	イエス	ムハンマド	ブッダ
成立年	紀元前6世紀頃（教団成立）※紀元前18世紀頃に伝承	1世紀頃	7世紀	紀元前6世紀頃
信仰の対象	ヤハウェ	神・イエス・聖霊	アッラー	仏
経典	旧約聖書	旧約聖書 新約聖書	コーラン	種々の仏典
主な教え	律法主義	隣人愛	神への絶対服従	八正道
偶像崇拝	禁止	基本的に禁止	禁止	禁止されていない
信者数	約1400万人	約21億6000万人	約16億人	約3億6000万人

※信者数は『ペンブックス　知っておきたい、世界の宗教』(CCCメディアハウス2018)から引用。

チェック問題　( )に当てはまる言葉を答えよう。

Q1 ( )はイデアを求める情熱はエロース（愛・恋）であり、哲学の精神であるとした。　**A1** プラトン

Q2 ( )は人間の本性は善であるとする性善説を説いた。　**A2** 孟子

Q3 ( )は必要最小限の人で成立する小さな共同体を「小国寡民」と呼んだ。　**A3** 老子

Q4 ( )教の主な教えは、隣人愛である。　**A4** キリスト

Q5 ( )教の信仰の対象は、アッラーである。　**A5** イスラム

倫理 頻出度B 02 古代の思想

第1章●人文科学　**63**

03 日本の思想 (古代～中世)

POINT!

●日本の仏教について、押さえよう。
●地図や開祖の絵などを使用した出題が見られるので、併せて整理しておこう。

1. 古代日本の思想

- <u>八百万の神</u>…日本にはすべての自然物に神霊が宿るという<u>アニミズム</u>の思想が古来より存在している。また、災害や病気などを<u>ケガレ</u>と呼び、祓や禊によって浄化しなければならないと考えられていた。

- **日本の<u>年中行事</u>**…稲作の開始以後、種まきから収穫までの農作業を中心として、決まった時期に神々を迎えて祭りが行われる。正月には門松を置いて歳神を迎えて豊作を祈り、2月には節分、3月には雛祭り、5月には端午の節句など、人々は神々を迎えて願い事をした。年中行事や祭りは<u>ハレの日</u>、普段の日は<u>ケの日</u>であるが、<u>ハレの日</u>には農作業を休んで、それらの行事に参加した。

☐ 仏教 ◀重要

- **仏教の受容と国家仏教**…仏教は6世紀半ばに大陸より伝来。604年、推古天皇の摂政・<u>厩戸王</u>（聖徳太子）は「<u>憲法十七条</u>」を制定し、神道と仏教を融合させて君主に対する道徳的規範を示した。奈良時代には、仏教の教えによって国家の安泰を願う<u>鎮護国家</u>の思想が興り、<u>最澄</u>の天台宗や<u>空海</u>の真言宗は加持祈祷によって国家の平和を祈願。また、<u>最澄</u>は「<u>一切衆生悉有仏性</u>」、<u>空海</u>は「<u>即身成仏</u>」を唱えるなど、個人の救済も説いた。

- **民衆救済の仏教**…平安時代末期に<u>末法思想</u>が流行し、阿弥陀仏の浄土に往生する浄土信仰が登場した。

	開祖	寺院	キーワード／解説
浄土宗	**法然**	知恩院（京都）	<u>専修念仏</u>…ひたすら念仏を称えること。
浄土真宗	**親鸞**	本願寺（京都）	<u>悪人正機説</u>…悪人（自分の力では悟りを開くことができない人）こそ極楽浄土にいけるという教え。親鸞は、浄土宗の開祖である法然の弟子。
時宗	**一遍**	清浄光寺（神奈川）	踊念仏…踊りながら念仏を称えること。一遍は、これで全国をまわった。
臨済宗	**栄西**	建仁寺（京都）	栄西は、浄土系仏教が説く<u>他力信仰</u>に対し、公案により自力で悟りに入ることを主張。
曹洞宗	**道元**	永平寺（福井）	<u>只管打坐</u>…ひたすら坐禅をすること。
日蓮宗	**日蓮**	久遠寺（山梨）	日蓮は、法華経こそが最高の経典であり、「<u>南無妙法蓮華経</u>」という題目を称えることを主張。

チェック問題　　（　　）に当てはまる言葉を答えよう。

Q1 日本にはすべての自然物には霊が宿るという（　　　　）の思想が古来より存在した。
A1 アニミズム

Q2 奈良時代には仏教の教えによって、国家の安泰を願う（　　　）の思想が興った。
A2 鎮護国家

Q3 平安時代末期に（　　　）が流行し、阿弥陀仏の浄土に往生する浄土信仰が登場した。
A3 末法思想

Q4 法然は「専修念仏」を説いて（　　　）を開いた。
A4 浄土宗

Q5 道元はひたすら坐禅する「只管打坐」を主張して（　　　）を開いた。
A5 曹洞宗

04 日本の思想（江戸～明治）

POINT!
- ●江戸時代の思想について、確認しておこう。
- ●明治以降は、教育史に関連した出題が多いので、 それぞれの特徴について整理しよう。

1. 儒学と国学 —重要

朱子学	藤原惺窩は弟子の林羅山を徳川家康に推挙。林羅山は「上下定分の理」を説いて身分制度と封建道徳を理論化したので、朱子学が幕府の官学となる要因となった。
陽明学	中江藤樹は愛し敬う心である「孝」を人倫の基本とし、日本の陽明学を大成。
古学	朱子学や陽明学は、後代の解釈によって生まれた儒学であり、孔子・孟子の原点に帰るべきとする古学が興る。古義学の伊藤仁斎は、仁は愛であり、利己心を捨てた純粋な心である「誠」が必要と説いた。古文辞学の荻生徂徠は、先人の求めた道は「経世済民」であると説いた。
国学	古学に対して、日本の古典に道を求めようとする国学が興り、本居宣長は仏教や儒教の影響を受けた「漢心」を捨て、日本古来の「真心」を大切にせよと説いた。
心学（石門心学）	石田梅岩は、「正直」と「倹約」が商人の徳目であることを説いた。
その他	安藤昌益は「万人直耕」を説いて江戸幕府の身分制度を批判した。

2. 西洋思想の受容と日本の近代化

- 福沢諭吉…幕末に下級武士であった福沢諭吉は「慶應義塾」を開いて人材育成に努め、『学問のすゝめ』で天賦人権論を説き、「実学」を学ぶことを推奨した。

- **内村鑑三**…日本の伝統的な武士道にキリスト教の精神を融合させ、自分の生涯をイエス（Jesus）と日本（Japan）という「２つのＪ」に捧げた。
- **夏目漱石**…英国への留学経験から、日本が「内発的開化」を図るためには、自己のみならず他者の個性も尊重する「自己本位」の態度を確立しなければならないと主張。

3. 日本独自の思想と日本の伝統的な武士道

- <u>西田幾多郎</u>…西洋思想の理論を批判的に摂取し、東洋哲学との統一を試みた。主著『<u>善の研究</u>』。
- **和辻哲郎**…人間の生活や文化に与える影響を「風土」と名づけ、世界の風土をモンスーン型、砂漠型、牧場型に類型化して人間の特徴を考察。主著『<u>古寺巡礼</u>』。

チェック問題 （　）に当てはまる言葉を答えよう。

Q1 （　）は、身分制度と封建道徳を理論化した。　**A1** 林羅山

Q2 古義学の（　）は、仁は愛であり、純粋な心である「誠」が必要と説いた。　**A2** 伊藤仁斎

Q3 古文辞学の（　）は、先人の求めた道は「経世済民」であると説いた。　**A3** 荻生徂徠

Q4 （　）は「慶應義塾」を開いて人材育成に努め、天賦人権論を説いた。　**A4** 福沢諭吉

Q5 （　）は西洋思想の理論を批判的に摂取し、東洋哲学との統一を試みた。　**A5** 西田幾多郎

01 日本の地形・自然

●地球上での位置や標準時子午線など、
　日本の姿を確認しておこう。
●日本を囲む4つの海と4つの海流を押さえよう。

POINT!

1. 日本の地形 ◀重要

※データは2021年現在。

- **位置**…ユーラシア大陸の東方海上で、東西、南北にそれぞれ約3000kmの長さがある。島の数は6852。
- **面積**…約38万km²。
- **北端**…<u>択捉島</u>（北海道：北緯45度33分）。
- **南端**…<u>沖ノ鳥島</u>（東京都：北緯20度25分）。
- **東端**…<u>南鳥島</u>（東京都：東経153度59分）。
- **西端**…<u>与那国島</u>（沖縄県：東経122度55分）。
- <u>**標準時子午線**</u>…兵庫県<u>明石市</u>を通る<u>東経135度</u>の経線。
- **地形区分**…<u>山地</u>61%、丘陵地12%、台地11%、低地14%。国土面積の7割以上が山地と丘陵地。
- **土地利用**…森林66.3%、農地11.7%、宅地5.2%、道路3.7%。
- **島**…最も大きいのは<u>本州</u>。本州：北海道：九州：四国の面積比は、およそ<u>12：4：2：1</u>。
- <u>**フォッサマグナ**</u>…日本列島を東日本と西日本に分ける大断層線。西側の境界断層を<u>糸魚川静岡構造線</u>という。
- <u>**中央構造線**</u>（メディアンライン）…西南日本を九州東部から関東へ横断する世界第1級の断層。
- <u>**プレート**</u>…北側が<u>北米プレート</u>、東側が<u>太平洋プレート</u>、南側が<u>フィリピン海プレート</u>。西側が<u>ユーラシアプレート</u>。

☐ 日本の自然 — 重要

- **大陸棚**…大陸近海の深さ約 200 m までの領域。
- **富士山**…日本の最高峰（3776 m）。日本一高い活火山。
- **関東平野**…最も広い平野。
- **信濃川**…最も長い川。2 番目は利根川。
- **利根川**…最も流域面積が広い川。2 番目は石狩川。
- **琵琶湖**…最も面積が大きい湖。最も深い湖は**田沢湖**。

チェック問題　( ) に当てはまる言葉を答えよう。

Q1 日本標準時子午線が通っているのは兵庫県（　　　）市である。	**A1**	明石
Q2 フォッサマグナの西側の境界断層を（　　　）という。	**A2**	糸魚川静岡構造線
Q3 大陸近海の深さ約 200 m までの領域を（　　　）という。	**A3**	大陸棚
Q4 太平洋側の暖流で、「黒潮」と呼ばれるのは（　　　）である。	**A4**	日本海流
Q5 日本で最も流域面積が広い川は（　　　）である。	**A5**	利根川

02 日本の特徴・産業

● 少子高齢化が進んでいる日本の人口の構成や
　特徴を理解しよう。

● 日本の農業や貿易について把握しておこう。

POINT!

1. 日本の人口と都道府県 ←重要

※データは 2021 年現在。

- **総人口**…約<u>1 億 2600 万</u>人。2008 年をピークに減少傾向。

- **少子高齢化**…年齢別人口は、15 歳未満：12％（先進国中最低）、15
　～ 64 歳：59％、65 歳以上：29％（世界最高）。

- **人口の多い都道府県**…最多は<u>東京都</u>（約 1400 万人）。以下、神奈川県、
　大阪府、愛知県、埼玉県。なお、東京、大阪、名古屋の 50km 圏
　に総人口の約 50％が集中。

- **人口の少ない都道府県**…最少は<u>鳥取県</u>（約 55 万人）。以下、島根県、
　高知県、徳島県、福井県。

- **高齢化率**…最高は<u>秋田県</u>、最低は沖縄県。半数以上の道県で 30
　％を超える。

- **面積の大きい都道府県**…最大は<u>北海道</u>。以下、岩手県、福島県、
　長野県、新潟県。

- **面積の小さい都道府県**…最小は<u>香川県</u>。以下、大阪府、東京都、
　沖縄県、神奈川県。

- <u>**政令指定都市**</u>…政令で指定される人口 50 万人以上の市。都道府
　県並みの権限を付与される。大阪市、名古屋市、京都市、横浜
　市、神戸市、北九州市、札幌市、川崎市、福岡市、広島市、仙台
　市、千葉市、さいたま市、静岡市、堺市、新潟市、浜松市、岡山
　市、相模原市、熊本市。

2. 日本の気候

- **気圧配置**…冬は<u>西高東低</u>、夏は<u>南高北低</u>。

- **シベリア気団**…冬に発達する大陸性の気団。寒冷で乾燥。冬に北西の季節風を吹き出す。

- **オホーツク海気団**…梅雨や秋雨の頃に発達する海洋性の気団。低温で多湿。夏に北東から<u>やませ</u>を吹き出す。

- **小笠原気団**…夏に発達する海洋性の気団。温暖で湿潤。夏に南東の季節風を吹き出す。

- **揚子江気団**…春や秋に発達する大陸性の気団。温暖で乾燥。偏西風に乗って移動性高気圧になる。

- **赤道気団**…赤道付近で発生する海洋性の気団。高温多湿。この中の熱帯低気圧が発達すると台風になる。

3. 日本の産業

- **農業就業人口**…減少傾向。65歳以上が7割以上を占め、農業労働力の高齢化が深刻。都道府県別では北海道が最多。

- **農業生産額**…約9兆円。うち畜産が約36％、野菜が約26％、米が約19％（2019年）。都道府県別では北海道が1位。

- **<u>食料自給率</u>**…カロリーベースで約<u>37</u>％（2020年）。

- **米の生産量**…約776万トン（2020年）。都道府県別の収穫量上位は<u>新潟県</u>、<u>北海道</u>、秋田県。

- **米の輸入量**…約77万トン（2018年）。8割以上を<u>アメリカ</u>と<u>タイ</u>から輸入。

- **<u>ミニマム・アクセス</u>**…高関税を課して輸入を制限する代わりに、最低限の量を輸入することを義務づける制度。日本の輸入米の多くがミニマム・アクセス米。

- **工業生産額**…重工業と軽工業の比率はおよそ<u>7</u>：<u>3</u>。都道府県別では<u>愛知県</u>が1位。

- **輸出**…輸出先の上位3か国は<u>アメリカ</u>、<u>中国</u>、韓国。
- **輸入**…輸入先の上位3か国は<u>中国</u>、<u>アメリカ</u>、オーストラリア。
- **貿易港**…輸出入額第1位は<u>成田国際空港</u>。

□ 3大工業地帯

<u>京浜工業地帯</u>	東京都、神奈川県などに位置。機械工業や出版・印刷などが発達。
<u>中京工業地帯</u>	愛知県、三重県などに位置。自動車工業などが発達。
<u>阪神工業地帯</u>	大阪府、兵庫県などに位置。機械工業などが発達。

- <u>太平洋ベルト</u>…上記の3大工業地帯を含む、太平洋の臨海部に広がる工業の盛んな地域。日本の工業生産額の約3分の2を占める。

> ほかに、京葉工業地域、東海工業地域、瀬戸内工業地域、北九州工業地域などがあるよ。

チェック問題　　（　）に当てはまる言葉を答えよう。

Q1	政令で指定される人口50万人以上の市を（　　　）という。	A1	政令指定都市
Q2	冬に北西の季節風を吹き出す大陸性の気団を（　　　）という。	A2	シベリア気団
Q3	日本の輸入米の多くがこれにあたる、農作物の最低輸入量を義務づける制度を（　　　）という。	A3	ミニマム・アクセス
Q4	太平洋の臨海部に広がる工業の盛んな地域を（　　　）という。	A4	太平洋ベルト
Q5	日本にとって最大の輸入相手国は（　　　）である。	A5	中国

A 03 世界の国

> ●世界の主な国とその特徴を押さえよう。
> ●各国の人や政治経済、産業の特徴、
> 　日本とのかかわりを押さえよう。

POINT!

※データは 2021 年現在。

□ アジア・オセアニアの主な国 ◀重要

中国	首都北京。人口 14 億超(世界第 1 位)。漢民族が 9 割を占める。2008 年に北京オリンピックを開催。
韓国	首都ソウル。日本との間に、竹島をめぐる領土問題、歴史教科書問題、元徴用工問題など。
北朝鮮	首都ピョンヤン。日本と国交を結んでいない。核問題、拉致問題など。韓国との間に北緯 38 度の軍事境界線。
ベトナム	首都ハノイ。旧フランス領。ドイモイ政策によって経済成長を遂げた。
インドネシア	首都ジャカルタ。人口約 2.7 億人(世界第 4 位)。総人口の約 9 割がイスラム教徒(世界最大)。旧オランダ領。
フィリピン	首都マニラ。旧アメリカ領。
タイ	首都バンコク。東南アジアで唯一、植民地化を免れた。
マレーシア	首都クアラルンプール。ルックイースト政策によって経済成長を遂げた。
シンガポール	首都シンガポール。公用語は英語、中国語、マレー語、タミル語の 4 つ。
インド	首都ニューデリー。人口 13 億人超(世界第 2 位)。総人口の約 8 割がヒンドゥー教徒。
パキスタン	首都イスラマバード。人口約 2.2 億人(世界第 5 位)。
バングラデシュ	首都ダッカ。人口約 1.6 億人。
ネパール	首都カトマンズ。中国との国境に、世界最高峰のエベレスト(チョモランマ)がある。

イラク	首都バグダッド。2003年、アメリカによる武力行使が行われ、フセイン政権が崩壊。
イスラエル	首都をエルサレムと主張しているが、国連や多くの国はテルアビブとみなしている。
サウジアラビア	首都リヤド。日本にとって最大の石油輸出国。イスラム教最大の聖地、メッカがある。
オーストラリア	首都キャンベラ。最大都市はシドニー。
ニュージーランド	首都ウェリントン。

◻ ヨーロッパの主な国 ◄ 重要

イギリス	首都ロンドン。2012年にロンドンオリンピックを開催。2020年にEU（欧州連合）を脱退。
フランス	首都パリ。2024年にパリオリンピックを開催予定。
ドイツ	首都ベルリン。EU最大の工業国。
オランダ	首都アムステルダム。ハーグに国際司法裁判所。
イタリア	首都ローマ。その市内に、国土面積が世界最小のバチカン市国がある。
スペイン	首都マドリード。南端にジブラルタル海峡。
ポルトガル	首都リスボン。ユーラシア大陸最西端。
ギリシャ	首都アテネ。2010年頃から経済危機。

スイス	首都ベルン。永世中立国。ジュネーブに、世界貿易機関（WTO）、世界保健機関（WHO）、国際労働機関（ILO）など、国際機関が多数。
ロシア	首都モスクワ。国土面積は世界最大。

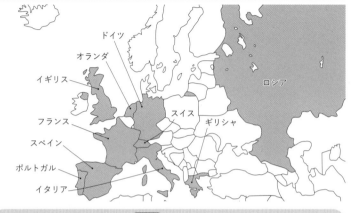

□ 北アメリカの主な国 ◀重要

アメリカ	首都ワシントン D.C.。人口約 3.3 億人（世界第 3 位）。
カナダ	首都オタワ。国土面積は世界で 2 番目に大きい。
メキシコ	首都メキシコシティー。人口の半数以上が、先住民と白人の混血人種メスチソ。

□ 南アメリカの主な国 ◀重要

キューバ	首都ハバナ。社会主義国家。
パナマ	首都パナマシティー。パナマ運河の通行料が大きな収入源。
ブラジル	首都ブラジリア。人口約 2.1 億人。公用語はポルトガル語。2016 年にリオデジャネイロオリンピックを開催。
アルゼンチン	首都ブエノスアイレス。97％が白人。ラプラタ川流域にパンパ（草原地帯）が広がり、農牧業が盛ん。
ペルー	首都リマ。かつてのインカ帝国の中心地。
エクアドル	首都キト。ガラパゴス諸島を有する。

- カナダ
- アメリカ
- キューバ
- メキシコ
- パナマ
- エクアドル
- ブラジル
- ペルー
- アルゼンチン

□ アフリカの主な国 ◀重要

エジプト	首都カイロ。世界最長のナイル川の周辺にエジプト文明が栄えた。
ナイジェリア	首都アブジャ。人口約2億人（アフリカ最大）。
南アフリカ	首都プレトリア。人種隔離政策アパルトヘイトは1991年に撤廃。

チェック問題　（　）に当てはまる言葉を答えよう。

Q1 世界で最も
イスラム教徒が多い国は（　　）である。
A1 インドネシア

Q2 日本にとって
最大の石油輸出国は（　　）である。
A2 サウジアラビア

Q3 2020年にEUを
脱退した国は（　　）である。
A3 イギリス

Q4 2016年にオリンピックが
開催された国は（　　）である。
A4 ブラジル

Q5 首都をカイロに置く
国は（　　）である。
A5 エジプト

04 国際関係・環境問題

POINT!

●主な国際機関を押さえよう。
●国際課題の1つである環境問題の種類や
　その対策について理解しよう。

1. 国際関係

- **世界人口**…約 <u>79 億</u> 人（2021 年現在）。2050 年には約 98 億人になると推定されている。

- **国際連合**…国際社会の平和と安全の維持を目的とした国際機関。本部はニューヨーク。

- **安全保障理事会**…常任理事国は<u>アメリカ</u>、<u>イギリス</u>、<u>フランス</u>、<u>ロシア</u>、<u>中国</u>の 5 か国。<u>非常任理事国</u>は 10 か国（任期 2 年）。日本は 2017 年末までに、国連加盟国中最多となる 11 回務めた。

- **貿易**…貿易額上位国は<u>中国</u>、<u>アメリカ</u>、ドイツ。

- <u>**日米貿易協定**</u>（日本国とアメリカ合衆国との間の貿易協定）…2020 年 1 月 1 日に発効。日本とアメリカの 2 国間での関税や輸入割当などを、一定の期間内に撤廃または削減することができる取り決め。

- <u>**RCEP 協定**</u>（地域的な包括的経済連携協定）…2020 年 11 月 15 日に署名。日本を含む、中国、韓国、ASEAN 加盟 10 か国など、15 か国による経済連携協定。世界の人口と GDP の約 3 割を占める世界最大規模の自由貿易圏となる。

人口が減少している日本とは対照的に、世界人口は増大を続けているよ。

WTO (世界貿易機関)	自由貿易促進を主たる目的とした国際機関。ウルグアイ・ラウンドにおける合意によって、GATTを発展解消させる形で成立した。
IMF (国際通貨基金)	世界経済と為替の安定を目的とした国連の専門機関。
WHO (世界保健機関)	すべての人々が可能な最高の健康水準に到達することを目的とした国連の専門機関。
UNESCO (国際連合教育科学文化機関)	教育、科学、文化の発展と推進を目的とした国連の専門機関。世界遺産の登録などの活動を行う。
UNICEF (国際連合児童基金)	子どもの権利を守ることを目的とした国連経済社会理事会の常設下部機関。
EU (欧州連合)	ヨーロッパを中心とする政治経済統合体。2020年1月にイギリスが脱退し、加盟国は27か国。うち19か国でユーロ通貨を導入。
ASEAN (東南アジア諸国連合)	東南アジアの10か国による地域協力機構。
OECD (経済協力開発機構)	国際経済全般について協議することを目的とした国際機関。
OPEC (石油輸出国機構)	国際石油資本などから石油産出国の利益を守るために設立された組織。

□ 地球環境問題

- 地球温暖化…二酸化炭素などの温室効果ガスが原因。海面上昇の影響で、ツバルやモルディブなどが水没の危機にある。

- オゾン層の破壊…人類がつくり出したフロンなどのオゾン破壊物質が原因。南極や北極の上空で観測。有害紫外線の増加によって皮膚ガンや白内障、免疫の低下などをもたらす。

- 熱帯林の減少…人口増加による農地開墾、輸出用木材の伐採などが原因。東南アジアのマングローブ破壊をはじめ、アマゾン川流

域、アフリカなどで減少が著しい。

- **砂漠化**…乾燥、半乾燥、乾燥半湿潤地域における種々の要因（気候変動および人間の活動を含む）による土地の劣化。
- **酸性雨**…大気汚染によって降る酸性の雨。
- **海洋汚染**…特に海洋プラスチックごみによる汚染が深刻。
- **国連人間環境会議**…1972年にスウェーデンのストックホルムで開催。スローガンは「かけがえのない地球」。
- **国連環境開発会議**（地球サミット）…1992年にブラジルのリオデジャネイロで開催。気候変動枠組条約、生物多様性条約、森林原則声明が採択。アジェンダ21が採択。
- **持続可能な開発に関する世界首脳会議**…2002年に南アフリカのヨハネスブルグで開催。
- **SDGs**（持続可能な開発目標）…2015年に国連サミットで採択された、持続可能でよりよい社会の実現をめざす国際目標。社会、経済、環境の3側面から捉えることができる17のゴールを設定。
- **パリ協定**…地球温暖化対策の国際的な枠組みとして、それまでの京都議定書に代わって2016年に発効。

チェック問題　( )に当てはまる言葉を答えよう。

Q1 2021年現在の世界の人口は約（　　　）億人である。
A1 79

Q2 世界遺産の登録を行う国際機関は（　　　）である。
A2 UNESCO

Q3 5の常任理事国と10の非常任理事国で構成される国連の主要機関は（　　　）である。
A3 安全保障理事会

Q4 2015年に国連サミットで採択された、持続可能でよりよい社会の実現をめざす国際目標を（　　　）という。
A4 SDGs

Q5 地球温暖化対策の国際的な枠組みとして2016年に発効されたのは（　　　）協定である。
A5 パリ

05 世界の産業・資源

● 世界で農業が盛んな国やその形態について
確認しよう。
● エネルギー資源の生産が多い国を押さえよう。

POINT!

1. 世界の農業

- **穀物**…生産量上位国は中国、アメリカ、インド。

- 米…アジアで世界の9割を生産。生産量は中国、インド、インドネシアが多い。この3か国で全体の約6割を占める。

- **小麦**…生産量上位国は中国、インド、ロシア。

- トウモロコシ…米、小麦と並ぶ3大穀物。生産量第1位はアメリカで、ミシシッピ川の東西部にまたがるコーンベルトと呼ばれる地域で、世界全体の約3割を生産。

- 焼畑農業…熱帯から温帯にかけての多雨地域で行われている農業形態。

- 地中海式農業…地中海性気候地域で行われている農業形態。オリーブ、ブドウ、小麦などを栽培する。

- 混合農業…家畜飼育と穀物栽培を組み合わせた農業形態。ヨーロッパ中緯度地域で盛ん。

- プランテーション農業…大規模な農園で輸出用に作物を大量生産する農業形態。カカオ、コーヒー、茶などを栽培。植民地時代に始まった。

- 酪農…ウシやヤギなどを飼育し、乳や乳製品を生産する畜産。日本では北海道、岩手県、栃木県で盛ん。

☐ 世界の資源

石炭	植物を起源とする化石燃料。生産量第1位は中国で、世界全体の約半分を占める。
原油	油田から採掘されたまま精製されていない石油を原油という。生産量上位国は、アメリカ、サウジアラビア、ロシア。
天然ガス	クリーンエネルギーの1つ。生産量上位国は、アメリカ、ロシア。
鉄鉱石	生産量上位国は、オーストラリア、ブラジル、中国。
銅鉱石	チリが生産量、輸出量ともに多く、世界全体の生産量の約3分の1を占める。
ボーキサイト	生産量上位国は、オーストラリア、中国、ブラジル、インド、ギニア。この5か国で世界全体の約4分の3を占める。
金	生産量上位国は、中国、オーストラリア、ロシア。

☐ 世界のエネルギー

火力発電	世界の総発電量の約3分の2を占める。日本でも約8割を占める。
水力発電	ブラジル、カナダなどで割合が大きい。
原子力発電	フランス、ウクライナなどで割合が大きい。
新エネルギー	バイオマス、風力発電、地熱発電、太陽光発電など。世界の総発電量の約4分の1を占める。すべて再生可能エネルギーである。

チェック問題　（　）に当てはまる言葉を答えよう。

Q1 米の生産量が最も多い国は（　　）である。　**A1** 中国

Q2 地中海性気候地域で行われている農業形態を（　　）という。　**A2** 地中海式農業

Q3 大規模な農園で輸出用に作物を大量生産する農業形態を（　　）という。　**A3** プランテーション農業

Q4 原油の生産量が最も多い国は（　　）である。　**A4** アメリカ

06 地形・気候

●地球の大陸と海洋の様子を把握しておこう。
●緯度・経度について理解しよう。
●気候区分の種類と特徴をつかんでおこう。

POINT!

1. 世界の地理

- **地球の大きさ**…全周約<u>4万</u>km。表面積約 5.1 億 km^2。

- **地軸**…公転軌道に対して約<u>23.4 度</u>傾斜。

- **陸と海の比率**…およそ<u>3</u>：<u>7</u>。

- **エベレスト**（チョモランマ）…世界最高峰（8848 m）。

- **チャレンジャー海淵**…マリアナ海溝の最深部に位置する海底最深部（約 −10924 m）。

- **世界六大陸**…<u>ユーラシア大陸</u>、<u>アフリカ大陸</u>、<u>北アメリカ大陸</u>、<u>南アメリカ大陸</u>、<u>オーストラリア大陸</u>、<u>南極大陸</u>。ユーラシア大陸は、地球の陸地面積の約 4 割を占める最大の大陸。

- **世界三大洋**…<u>太平洋</u>、<u>大西洋</u>、<u>インド洋</u>。

- <u>緯度</u>…赤道が 0 度。赤道の北が北緯、南が南緯。それぞれ 90 度まで。

- <u>経度</u>…ロンドンの旧グリニッジ天文台付近を通る<u>本初子午線</u>が 0 度。東経、西経、それぞれ 180 度まで。

- <u>日付変更線</u>…ほぼ経度 180 度の地点を結ぶ線。西から東へ越えると 1 日戻る。

気圧帯と風

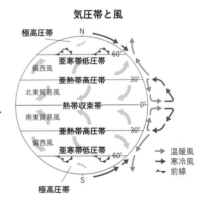

極高圧帯
偏西風
亜寒帯低圧帯
亜熱帯高圧帯
北東貿易風
熱帯収束帯
南東貿易風
亜熱帯高圧帯
偏西風
亜寒帯低圧帯
極高圧帯

→ 温暖風
→ 寒冷風
→ 前線

☐ 世界の気候

熱帯	赤道周辺。一年中暑いのが特徴。
熱帯雨林気候	熱帯に属する。一年中気温が高く、降水量が多い。
サバナ気候	熱帯に属する。一年中気温が高く、雨季と乾季がある。
乾燥帯	雨が少なく、昼夜の気温差が大きいのが特徴。
ステップ気候	乾燥帯に属する。昼夜の気温差が大きく、少量の雨が降る季節がある。
砂漠気候	乾燥帯に属する。昼夜の気温差が大きく、一年中雨が少ない。
温帯	四季があるのが特徴。
地中海性気候	温帯に属する。夏は乾燥し、冬は雨が多い。
温暖湿潤気候	温帯に属する。季節がはっきりしていて、気温の年較差が大きい。気温や降水量の変化が大きい。東京が含まれる。
西岸海洋性気候	温帯に属する。一年を通して、気温と降水量の変化が少ない。
亜寒帯（冷帯）	冬の寒さが厳しく、夏は気温が上がる。
亜寒帯気候	亜寒帯（冷帯）に属する。針葉樹林気候、亜北極気候ともいう。
寒帯	南極・北極周辺。一年中寒い。
ツンドラ気候	寒帯に属する。短い夏に地表の氷が溶け、わずかに植物が育つ。
氷雪気候	寒帯に属する。一年中、雪と氷におおわれている。
高山気候	同緯度の低地より気温が低い。ケッペンの気候区分にはない。

チェック問題　（　）に当てはまる言葉を答えよう。

Q1 地球の全周は約（　　）kmである。　A1 4万

Q2 世界最大の大陸は（　　）大陸である。　A2 ユーラシア

Q3 ロンドンを通る0度の経線を（　　）という。　A3 本初子午線

Q4 ステップ気候、砂漠気候が属するのは（　　）帯である。　A4 乾燥

Q5 東京が該当するのは（　　）気候である。　A5 温暖湿潤

● 図法には大きく分けて3つの種類がある。
　それぞれの特徴と代表的な図法を押さえよう。
● 基本的な地図記号を確認しておこう。

主な図法

正角図法	地球上の角度を正しく表現する図法。
正積図法	地球上の面積を正しく表現する図法。
正方位図法	基準点からの方位を正しく表現する図法。

メルカトル図法（正角円筒図法）	正距方位図法
正角図法。任意の2つの地点の緯度と経度を比較しやすい。その2点間を結んだ直線を等角航路という。航海図に利用される。	正方位図法。図の中心から任意の地点までの方位と距離を正しく表すことができる。その2点間の最短距離を大圏航路という。
サンソン図法	モルワイデ図法
正積図法。低緯度の大陸の形を比較的正確に表すことができる。	正積図法。中・高緯度の大陸の形を比較的正確に表すことができる。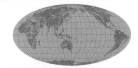

グード図法（ホモロサイン図法）	正積図法。サンソン図法の地図とモルワイデ図法の地図を組み合わせたもの。
ボンヌ図法	正積図法。緯線は等間隔の同心円で、中央経線上での長さが正しい。地方図に利用される。

□ 主な地図記号 ◀ 重要

◎	○	ö	△	◇	米
市役所	町村役場	官公署	裁判所	税務署	森林管理署
⊤	Y	⊕	⊗	X	⊖
気象台	消防署	保健所	警察署	交番	郵便局
文	⊗	(大)文	⊕	开	卍
小中学校	高等学校	大学	病院	神社	寺院
血	📖	☼	⚙	🏠	城跡
博物館	図書館	工場	発電所等	老人ホーム	城跡
♨	" "	⌄ ⌄	ö ö	Q Q	Λ Λ
温泉	田	畑	果樹園	広葉樹林	針葉樹林

チェック問題　〔　〕に当てはまる言葉を答えよう。

Q1 図の中心から任意の地点までの方位と距離を正しく表すことができる図法を（　　）という。　**A1** 正距方位図法

Q2 地図記号 文 は、（　　）を表す。　**A2** 小中学校

Q3 地図記号 ⊕ は、（　　）を表す。　**A3** 保健所

A 01 西洋美術

● 作者、作品名と併せて美術様式や特徴も整理しよう。
● 特に出題頻度の高いルネサンス、バロック、
印象派について、しっかり確認しておこう。

POINT!

---

1. ルネサンス（14 ～ 16 世紀） ◀重要

● **ルネサンス**…イタリアを中心に起こった文化革新運動。宗教性が
強かった中世の価値観から、古典文化を通じて人間や自然美をそ
のままとらえる近代的価値が生まれた。

ボッティチェリ （イタリア）	ルネサンス期でギリシア神話を題材にした。 『プリマヴェーラ（春）』『ヴィーナスの誕生』
レオナルド・ダ・ヴィンチ （イタリア）	建築、彫刻、解剖学などの科学でも活躍した万能の人。『最後の晩餐』『モナ・リザ』
ミケランジェロ （イタリア）	彫刻、絵画などさまざまな分野で優れ、人間を逞しい姿で表現した。彫刻では『ダヴィデ像』が有名。『最後の審判』『天地創造』
ラファエロ （イタリア）	聖母子を多く描いた。『大公の聖母』『システィナの聖母』

● **ルネサンスの三大巨匠**…**レオナルド・ダ・ヴィンチ**、**ラファエロ**、
ミケランジェロの３名を指す。
● **ルネサンス建築**…ミケランジェロやブラマンテらが携わった『**サ
ン・ピエトロ大聖堂**』（バチカン）が代表的。

ルネサンス絵画では絵の中に奥行きを表す方法の１つ、
線遠近法〔透視図法〕が確立されたよ。

2. バロック（16世紀末〜18世紀初頭）◀重要

• バロック美術…華やかで、明暗対比で劇的な印象がある。

ルーベンス（ベルギー）	『キリスト昇架』『三美神』
ベラスケス（スペイン）	『ラス・メニーナス』
レンブラント（オランダ）	明暗対比を効果的に用いた。 『夜警』『テュルプ博士の解剖学講義』
フェルメール（オランダ）	人々の暮らしを描いた作品が多い。 『真珠の耳飾りの少女』『牛乳を注ぐ女』

3. 印象派（19世紀後半）◀重要

• 印象派…自然の中で移りゆく光などの瞬間的な印象を描く。

マネ（フランス）	『草上の昼食』『笛を吹く少年』
ドガ（フランス）	『バレエの踊り子』『エトワール』
モネ（フランス）	「印象派」の由来となる作品『印象・日の出』を描いた。 『睡蓮』『散歩、日傘を差す女』
ルノワール（フランス）	『ムーラン・ド・ラ・ギャレットの舞踏会』

4. その他の西洋美術史（絵画・建築）

古代	ローマ建築	コロッセウム（ローマ）	
中世	ビザンティン建築	サン・マルコ大聖堂（ヴェネツィア）	
	ロマネスク建築	ピサ大聖堂（ピサ）	
	ゴシック様式	ノートルダム大聖堂（パリ）	
16世紀	マニエリスム	アルチンボルド	『春』『庭師／野菜』
18世紀 19世紀	ロココ	ワトー	『シテール島への巡礼』
	新古典主義	アングル	『泉』

19 世紀	ロマン主義	**ドラクロワ**	**『民衆を導く自由の女神』**
		ターナー	『雨、蒸気、速度―グレート・ウエスタン鉄道』
	バルビゾン派	**ミレー**	**『落穂拾い』**『晩鐘』
	写実主義	クールベ	『石割り』『画家のアトリエ』
	後期印象派	**セザンヌ**	『リンゴとオレンジ』『サント・ヴィクトワール山』
		ゴッホ	『ひまわり』『タンギー爺さん』
		ゴーギャン	『タヒチの女』
20 世紀	フォービズム	マティス	『赤のハーモニー』
	キュビズム（立体派）	**ピカソ**	**『アビニョンの娘たち』**『泣く女』『ゲルニカ』
		ブラック	ピカソらとキュビズムを創始した。
	エコール・ド・パリ	シャガール	『窓から見たパリ』『誕生日』
	シュルレアリスム（超現実主義）	ダリ	『記憶の固執』
		マグリット	『ピレネーの城』『人の子』

5. その他の西洋美術史（彫刻）

19 世紀	**ロダン**	**『考える人』**『地獄の門』
20 世紀	カルダー	「モビール」を考案。
	ヘンリー・ムーア	『母と子』『王と王妃』『羊の形（原型)』

チェック問題　(）に当てはまる言葉を答えよう。

Q1 『ヴィナースの誕生』はルネサンス期の画家（　　）によって描かれた。
A1 ボッティチェリ

Q2 ミケランジェロは多くの芸術作品を残し、彫刻作品では『（　　）』が代表作である。
A2 ダヴィデ像

Q3 『真珠の耳飾りの少女』はバロック期の画家（　　）によって描かれた。
A3 フェルメール

Q4 モネやルノワールなど、自然の瞬間的な印象を描いた画家たちを（　　）と呼ぶ。
A4 印象派

Q5 ブロンズ彫刻『考える人』は19 世紀の彫刻家（　　）の代表作である。
A5 ロダン

02 日本音楽

●出題頻度の高い明治以降の日本音楽は、
作曲家、作品名と併せて
作詞家もセットで覚えておこう。

POINT!

1. 明治以降の日本音楽 ◀重要

作曲家	作品名	作詞家
滝廉太郎	『荒城の月』	土井晩翠
	『花』	武島羽衣
山田耕筰	『この道』『ペチカ』『からたちの花』『待ちぼうけ』	北原白秋
	『赤とんぼ』	三木露風
團伊玖磨	『花の街』	江間章子
中山晋平	『シャボン玉』	野口雨情
	『あめふり』『砂山』	北原白秋
	『てるてる坊主』	浅原鏡村
中田喜直	『夏の思い出』	江間章子
成田為三	『かなりや』	西條八十
	『浜辺の歌』	林 古渓
岡野貞一	小学校歌唱共通教材を多く作曲。『春の小川』『おぼろ月夜』『ふるさと』『春がきた』『もみじ』	高野辰之
本居長世	『十五夜お月さん』『七つの子』	野口雨情
中田章	『早春賦』	吉丸一昌
弘田龍太郎	『叱られて』『雀の学校』	清水かつら
宮城道雄	『春の海』（箏と尺八の二重奏曲）	

2. その他の日本音楽史

☐ 奈良時代～平安時代

- **雅楽**…笙、篳篥、龍笛、琵琶、箏、太鼓などを用いる。
- **声明**…仏教の経典などに節をつけたもの（平曲や能楽に影響）。

鎌倉時代～安土桃山時代

- **平曲**…**琵琶法師**による『平家物語』などの弾き語り。
- **田楽**…田植えなど、農耕の際に行われた芸能。
- **猿楽**…大陸から伝わった散楽をもとに発展した。
- **能楽**…田楽、猿楽の要素を汲み、観阿弥、世阿弥が大成した。

江戸時代

- **浄瑠璃**…**三味線**の伴奏で行う芸能。操り人形を伴うことも多い。竹本義太夫により義太夫節が生まれた。
- **文楽**…人形浄瑠璃ともいう。1つの人形を3人で操ることを**三人遣い**といい、**主遣い**（胴・頭・右手）、**左遣い**（左手）、**足遣い**（両足）からなる。
- **長唄**…歌舞伎音楽。主に唄方、三味線方で構成される。
- **箏曲**…筑紫箏をもとに八橋検校が基礎をつくった。

チェック問題	（　）に当てはまる言葉を答えよう。

Q1	『荒城の月』『花』などを作曲した作曲家は（　　　）である。	**A1** 滝廉太郎
Q2	『荒城の月』の作詞家は（　　　）である。	**A2** 土井晩翠
Q3	『花』の作詞家は（　　　）である。	**A3** 武島羽衣
Q4	岡野貞一作曲の『春の小川』『おぼろ月夜』などを作詞したのは（　　　）である。	**A4** 高野辰之
Q5	文楽の三人遣いは「（　　　）」「左遣い」「足遣い」からなる。	**A5** 主遣い

03 日本美術

● 作者、作品名と併せて、時代も整理しよう。
● 特に出題頻度の高い江戸時代、明治時代について
しっかり確認しておこう。

POINT!

1. 江戸時代の日本美術 重要

☐ 元禄文化（17世紀後半～18世紀初頭）

• **元禄文化**…経済的に豊かだった上方（大阪・京都）の商人たちを中心に栄えた文化。

俵屋宗達	装飾画に大和絵の技法を導入。『風神雷神図屏風』
尾形光琳	琳派を大成。『**紅白梅図屏風**』『燕子花図屏風』
菱川師宣	版画浮世絵の祖。『**見返り美人図**』

☐ 化政文化（18世紀後半～19世紀前半）

• **化政文化**…江戸庶民によって栄えた華やかな文化。

喜多川歌麿	美人画の大家。『婦女人相十品』の『**ポッピンを吹く娘**』が有名。
葛飾北斎	西洋の印象派画家へ影響。『**富嶽三十六景**』
歌川広重	『**東海道五十三次**』
鈴木春信	**錦絵**を創始。『中納言朝忠』
東洲斎写楽	『三世大谷鬼次の奴江戸兵衛』『市川鰕蔵の竹村定之進』
伊藤若冲	『群鶏図』

2. その他の日本美術史

飛鳥	彫刻	『釈迦三尊像』（法隆寺）	
天平	絵画	**『鳥毛立女屏風』（正倉院）**	
国風	彫刻	**『阿弥陀如来像』（平等院鳳凰堂）**	
鎌倉	彫刻	**運慶・快慶**	**『金剛力士像』（東大寺南大門）**
室町	絵画	雪舟	中世水墨画を大成。『秋冬山水図』
安土 桃山	絵画	狩野永徳	狩野派。『唐獅子図屏風』
		長谷川等伯	長谷川派。『松林図屏風』
明治	絵画	黒田清輝	**『湖畔』『読書』**
		青木繁	『海の幸』
		高橋由一	『鮭』
	彫刻	**高村光雲**	**『老猿』**
		荻原守衛	『女』
大正	絵画	横山大観	**日本美術院創設に参加。『生々流転』**
		岸田劉生	『麗子像』『道路と土手と塀』
	彫刻	高村光太郎	『手』
昭和	絵画	東山魁夷	『御影堂障壁画』（唐招提寺）『道』

チェック問題　( )に当てはまる言葉を答えよう。

Q1 『紅白梅図屏風』などを制作し、琳派を大成したのは（　　　）である。
A1 尾形光琳

Q2 版画浮世絵の祖と呼ばれる菱川師宣の作品は、特に『（　　　）』が有名である。
A2 見返り美人図

Q3 （　　　）は『富嶽三十六景』などを描き、西洋の印象派画家へ影響を与えた。
A3 葛飾北斎

Q4 歌川広重の代表作は『（　　　）』である。
A4 東海道五十三次

Q5 『湖畔』『読書』などの作品を描いた明治時代の画家は（　　　）である。
A5 黒田清輝

B 04 西洋音楽

● 出題頻度の高い古典派、ロマン派は、
特に作曲家、作品名と併せて
音楽史の区分や特徴も確認しておこう。

POINT!

1. 古典派（18 〜 19 世紀） ◀重要

● <u>古典派</u>…形式美が追求され、**交響曲**、ピアノソナタなどが誕生。

ハイドン （オーストリア）	100 曲以上の交響曲をつくった。 交響曲 100 番『軍隊』
<u>モーツァルト</u> （オーストリア）	幼いころから作曲の才能を発揮。 『トルコ行進曲』　オペラ**『魔笛』**『フィガロの結婚』
<u>ベートーヴェン</u> （ドイツ）	交響曲第 5 番『運命』　交響曲第 6 番『田園』 『エリーゼのために』　ピアノソナタ第 14 番『月光』

● **ソナタ形式**…（序奏）、提示部、展開部、再現部、（コーダ）で構成。
● **ロンド形式**…異なる旋律を挟みながら同じ旋律を繰り返す。

2. ロマン派（19 世紀） ◀重要

● <u>ロマン派</u>…形式重視の古典派に対し、**個性**や**感性**を重視した。

<u>シューベルト</u>（オーストリア）	歌曲の王と呼ばれる。歌曲**『魔王』**
ベルリオーズ（フランス）	交響曲『幻想交響曲』
メンデルスゾーン（ドイツ）	付帯音楽『真夏の夜の夢』
シューマン（ドイツ）	『子供の情景』 →第 7 曲『トロイメライ』が有名。
リスト（ハンガリー）	ピアノの魔術師と呼ばれる。『ラ・カンパネラ』
ワーグナー（ドイツ）	オペラ『ローエングリン』『ニーベルングの指環』

ヴェルディ（イタリア）	オペラ『**アイーダ**』『**椿姫**』『**ナブッコ**』
<u>ショパン</u>（ポーランド）	ピアノの詩人と呼ばれる。 **ポロネーズ第6番『英雄』**
<u>ブラームス</u>（ドイツ）	**『ハンガリー舞曲』**
サン・サーンス（フランス）	組曲『動物の謝肉祭』 →第13曲『**白鳥**』が有名。
ビゼー（フランス）	オペラ『**カルメン**』
<u>チャイコフスキー</u>（ロシア）	バレエ音楽『**くるみ割り人形**』『**白鳥の湖**』 『**眠れる森の美女**』
プッチーニ（イタリア）	オペラ『**蝶々夫人**』『**トスカ**』

3. その他の西洋音楽史

17世紀 **18世紀**	<u>バロック</u>	**ヴィヴァルディ**	バイオリンの名手。『**四季**』
		<u>バッハ</u>	鍵盤楽器の演奏家。**音楽の父**と呼ばれる。 『**フーガト短調**』『**マタイ受難曲**』
		ヘンデル	オラトリオ『**メサイア**』『**水上の音楽**』
19世紀	国民学派	スメタナ	連作交響詩『我が祖国』
		ドヴォルザーク	交響曲第9番『新世界より』
	印象派	<u>ラヴェル</u>	『水の戯れ』　バレエ音楽『**ボレロ**』
		ドビュッシー	『ベルガマスク組曲』 →第3曲『月の光』が有名。
20世紀	近代・ 現代	ホルスト	組曲『惑星』
		ストラヴィンスキー	バレエ音楽『春の祭典』

4. 西洋音楽の基礎知識

強弱に関する記号

弱い ➡ 強い

pp	p	mp	mf	f	ff
ピアニッシモ	ピアノ	メゾピアノ	メゾフォルテ	フォルテ	フォルティッシモ

長さ（4分の4拍子）	音符		休符	
4拍	o	全音符		全休符
3拍		付点2分音符		付点2分休符
2拍		2分音符		2分休符
1拍半		付点4分音符		付点4分休符
1拍		4分音符		4分休符
1拍の4分の3		付点8分音符		付点8分休符
1拍の2分の1		8分音符		8分休符
1拍の4分の1		16分音符		16分休符

演奏に関する記号			
アダージョ Adagio	ゆるやかに	ラルゴ Largo	幅広く、ゆるやかに
アンダンテ Andante	歩くような速さで	アッチェレランド accelerando（accel.）	だんだん速く
モデラート Moderato	中くらいの速さで	アレグロ Allegro	速く

チェック問題　　（　　）に当てはまる言葉を答えよう。

Q1 幼いころから作曲の才能を発揮した
（　　　）は『魔笛』などを作曲した。
A1 モーツァルト

Q2 交響曲第6番『田園』などを作曲した古典派の
ドイツの作曲家は（　　　）である。
A2 ベートーヴェン

Q3 ロマン派のオーストリアの作曲家（　　　）は、
歌曲『魔王』などを作曲した。
A3 シューベルト

Q4 ピアノの詩人（　　　）は、
ポロネーズ第6番『英雄』などを作曲した。
A4 ショパン

Q5 『フーガ　ト短調』などを作曲し、音楽の父と
呼ばれるバッハは（　　　）期の音楽家である。
A5 バロック

01 英会話・英語表現

- 日常的定型表現、機能別会話表現の再確認をしよう。
- 会話問題は多くの自治体で出題。中でも発信型英語への意識転換と新傾向問題に注意しよう。

---

1. 日常英会話で役立つ定型表現 ◀ 重要

●文頭表現

You know what, ～ .	「（相手に話しかけて）ねえ、聞いて」
For some reason, ～ .	「（理由はいくつもあるけれど、うまく言えないとき）何となく」
As far as I know, ～ .	「私の知る限り」
For now, ～ .	「とりあえず」
How do I say this, ～ ?	「（言葉がうまく出なくて）なんて言えばいいかなあ」
What's that?	「（相手の言ったことが聞き取れずに）なあに？」

●疑問

How have you been?	「（久しぶりの相手に）どうだった（調子どう）？」
Like what?	「（カジュアルに）例えば（具体的に聞く）？」
How come?	「なんで（どうして）？」

●リアクションの表現

Seriously?	「本当に？」（ネイティブの若者用語）
It's up to you.	「あなた次第だよ」
No wonder why.	「なるほどね」
Why not?	「もちろんだよ」（軽く語尾を上げて言うのがコツ）
Same here.	「私もですよ」（肯定文にも否定文にも使える便利な表現）

2. 機能別会話表現 ◀重要

●あいさつ

How's life?	「元気？」	What's new?	「変わりない？」
How's it going?		Can't complain.	「まあまあだよ」
How are you?	「最近、どう？」	Same as always [usual].	「相変わらずだよ」
What's up?			

●感謝を表す言葉

I owe you one.	「恩に着るよ」
You shouldn't have.	「わざわざすみません」
Sure, any time.	「どういたしまして（米語）」

●励ましの言葉

Keep up the good work!	「その調子！」
I think you're on the right track.	「いい線いってると思うよ」
Look on the bright side.	「悲観するなよ」

3. 発信型英語への転換 ―直訳でなく idea（意味）を伝える！

- 日本語の直訳でなく、idea（意味・言いたいこと）を英語で表現するのがコツ。次の英文はどちらも「彼はすっかり元気になり、また外出できるようになった」という意味である。
  ① He has got well enough to go out again.（日本語の直訳）
  ② He is up and around. He is fully well again now.（発信型英語）

チェック問題 次の文を発信型英語に書き換えよう。

Q1 Be careful not to be late in future.
「今後は遅刻しないように気をつけなさい」
A1 Be sure to be here next time.

Q2 The rain prevented me from going out.
「雨が降っていたので外出できなかった」
A2 It rained and I wanted to stay home.

02 英文読解①

● 内容一致問題や要約問題に効果的な、英文の論理展開を
追うリーディングを身につけよう。
● 単語力より役立つスキーマ（背景知識など）を活用しよう。

1. パラグラフ・リーディングの方法 ◀重要

- パラグラフ・リーディングとは、１つのトピックに関して複数の
パラグラフから構成される長文を読み解く方法。各パラグラフの
要点をつかみながら読み進める。マスターすれば、長文読解のス
ピードと正答率をアップすることができる。

- １文をしっかり読むことができること、すなわち単語、文法、英
文解釈がある程度できていることが前提。自分がもっている英文
のテーマに関する（日本語の）スキーマの活用も内容理解に役立つ。

①全体のテーマや筆者の主張、結論を押さえよう

- まず各パラグラフの冒頭の１文のみを読む。次に最後のパラグラ
フの冒頭と最後の２〜３文を読み、筆者の主張や結論を読み取る。

- 全文に目を通す前にテーマと結論、筆者の主張を頭に入れておく
ことで全体の内容が予測でき、読みやすくなる。このとき、次の
ような文には下線を引いておこう。

---

①本文のテーマや結論
②筆者の主張（主語が I や we で、must や should で強調している文章など）
③数字や％など
④その他、その本文内で重要だと思われる部分
➡②③は内容一致問題では頻出。これらが出てきたら下線を引いておくと、
とても解きやすくなる。

---

②各パラグラフのトピックセンテンス（主張文）を捉え、要約しながら英文を読み進める

- テーマと主張、結論を把握したうえで、各パラグラフを読み進める。ただし、闇雲に読むのではなく、各パラグラフを1つのまとまりと考え、要点を捉えながら読もう。
- 1つのパラグラフを読み終えたら、内容を1行程度に要約し、問題用紙の余白にメモしておこう。
- 各パラグラフの要約が完成したら、次に、英文全体の主張・要旨を頭の中で再構成。
- このようにして読んでいくと、「このパラグラフは、前のパラグラフとは反対のことを言っている」など、パラグラフ同士の関係性を意識することができる。

□ パラグラフ・リーディング練習Ⅰ　　答えは101ページにあります。

For most non-Japanese now in their 20s or younger, the world of *kawaii* defines their understanding of Japan to a remarkable extent. Many of them are in love with it. In a very real sense, *kawaii* culture is Japan's global "soul power", winning over hearts and minds everywhere. And it can make for big business too, of course.

I often escort foreigners around Tokyo, and almost without exception, their remark on the "cuteness" everywhere. One of the friends from the U.S. was very surprised to see *kawaii* characters on a bank advertisement. "Banks have such a sober image in the West," he thought. "Classical architecture, dark suits… no Western bank would run an advertisement with cartoon characters."

Q1 What is attractive to young foreigners?
1. The world of *kawaii* culture
2. The definition of soft power
3. big business
4. Human hearts and minds

Q2 What was shocking to the friend from U.S. ?
1. Many foreigners in Tokyo
2. *Kawaii* characters for a bank
3. The image of Western banks
4. Modern buildings are dark suits

03 英文読解②

●パラグラフ・リーディングのコツをつかもう。
●「中心の話題は何か?」「いつ、どこの話題か?」など、
　話の内容を大まかにつかみながら読み進めよう。

POINT!

---

1. 実践上の注意点 ◀重要

- パラグラフ・リーディングは、トピックに関する筆者の主張文（各
  パラグラフの中にあるトピックセンテンス）を見つけ、それぞれを読み
  解き、つなげながら全体を把握するのがポイント。決して読み飛
  ばすような感覚で読まないように注意しよう。

- 普通の長文の問題なら解けるが、内容一致問題は苦手という人が
  多い傾向にある。実際に内容一致問題の得点率は他の問題形式に
  比べて低い。原因は和訳するだけで読んだ気になってしまい、内
  容にまで頭が回らず、読んだ先から忘れてしまうことにある。

- パラグラフ・リーディングは、多くの受験生が苦戦する内容一致
  問題に対して非常に有効。テーマと結論を押さえて読むことで内
  容に集中しやすく、長文という迷路で迷子になりにくくなる。

> 99 ページの練習 I は、インデント（パラグラフの最初を
> 1 文字下げる）しない英文。インデントしないときは 1 行
> あけるのが慣例。101 ページの練習 II はインデントした
> 英文のため 1 行あけないよ。

> パラグラフ・リーディングの練習に適した教材は、日本語の解説つきの英
> 字新聞。英語の語彙やフレーズが、日本語の解説と一緒に掲載されている
> ため、英語ビギナーでも無理なく読み進めることができる。

Most countries use the same type of money: bills and coins. These bills and coins sometimes show places and animals, but mostly show famous people. Historically, this has been useful. During the French Revolution in the late 1700s, King Louis the 16th tried to escape from Paris. Although he was not dressed as a king, a man on the street saw him and he was caught. This is because the man knew the king's face from the country's coins.

By the way, who is chosen to be on bills? Each country has different rules. In Japan, the people we see on bills are usually well known and respected by the people. They are people we see in history books. In America, there is a law that says living people cannot be shown on bills. Therefore, people on America bills are famous people who died years ago, such as former presidents.

On the other hand, the United Kingdom has no such rule. The Queen of England will be over 100 years old as of 2027. She has been shown on their bills since the 1960s. Over the years, her portrait has been changed so the bills always show the way she looks at the time. In this way, by looking at a country's money, we can learn a lot about their history and culture.

Q1 本文の内容に合うように、次の英文を完成させる適切な文を選ぼう。

Most countries' bills ＿＿＿＿＿＿＿＿.

① were first printed in the 1700s
② show pictures of animals and historic places
③ have the same pictures as their coins
④ have pictures of people

・99 ページの答え **Q1**：① **Q2**：②
［概要］20 代やそれ以下の年代の外国人の若者たちにとって「カワイイ」の世界は日本の理解の中心になっており、彼らの心を引きつけている。今や「カワイイ」文化は、世界中至る所で多くの人々の心を引きつけているグローバルな精神（soul power）である。外国人を連れて東京近辺によく出かける筆者も行く所々で、彼らが日本の「カワイイ」について言及するのに驚かされている。アメリカ人の友人はお堅い「銀行」の広告にキャラクターが使用されているのに驚いていた。

・101 ページの答え **Q1**：④
［概要］国によってお札の肖像画の選び方には一定の基準がある。慣例や法の定めに従って、存命中の国王・首相・偉人をお札の肖像画にしない国もあれば、英国のように存命中の女王が選ばれ、しかも何回も肖像画が差し替えられるというケースもある。

B 04 英文法・語法

POINT!
- 文法・語法問題の出題範囲は、高校1年生レベルが中心。
- 出題形式は、空所補充や並び替え問題が多め。動詞の語法・無生物主語・否定構文などはしっかり押さえよう。

☐ 語順は「主語＋動詞＋自動詞 or 他動詞」でパターンが決まる

- 日本の中高の学習指導要領から5文型という指導項目はなくなった。代わりに、自動詞（目的語をとらない動詞）か他動詞（1つないし2つの目的語をとる動詞）の使用でさまざまな英文のパターンができることや、動詞の語法を指導するようになっている。

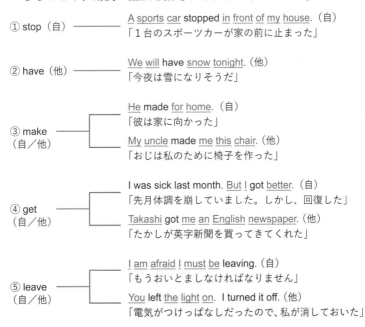

① stop（自）　　A <u>sports car</u> stopped <u>in front of</u> <u>my house</u>.（自）
「1台のスポーツカーが家の前に止まった」

② have（他）　　<u>We will</u> have <u>snow tonight</u>.（他）
「今夜は雪になりそうだ」

③ make
（自／他）
　<u>He</u> made <u>for home</u>.（自）
　「彼は家に向かった」
　<u>My uncle</u> made <u>me this chair</u>.（他）
　「おじは私のために椅子を作った」

④ get
（自／他）
　I was sick last month. <u>But I</u> got <u>better</u>.（自）
　「先月体調を崩していました。しかし、回復した」
　Takashi got <u>me an English newspaper</u>.（他）
　「たかしが英字新聞を買ってきてくれた」

⑤ leave
（自／他）
　<u>I am afraid I must be</u> leaving.（自）
　「もうおいとましなければなりません」
　<u>You</u> left <u>the light on</u>. I turned it off.（他）
　「電気がつけっぱなしだったので、私が消しておいた」

☐ 英語独特の表現形式―「無生物主語」構文

• 無生物主語は英語ではごく自然な表現形式。直訳すると不自然な
日本語訳になるため、主語を条件・原因として訳すのがポイント。
次の2つの英文は「10分歩けば東京駅に着きますよ」という意味。

① A ten-minute walk will bring you to Tokyo Station.

② If you walk for ten minutes, you will go to Tokyo Station.

☐ 多種多様な（慣用的）否定語句・構文

• 英語の否定は文頭や文頭付近で早めに示す傾向があるので要注意。

文否定	He is not a doctor.「彼は医者ではない」
語句否定	This house is mine, not yours. 「この家は私のものです。あなたのものではありません」
全否定	Not a sound was heard.「物音1つ聞こえなかった」 Never have I seen such a beautiful sight. 「こんなに美しい景色は今まで見たことがない」
部分否定	Not all the books are worth reading. 「すべての本に読む価値があるわけではない」
準否定	There is little time left.「残り時間はほとんどない」
二重否定	Please do not enter the room without knocking. 「部屋に入るときは、必ずノックしてください」

チェック問題　英文を和訳しよう。

Q1	Drinking can cause traffic accidents.	A1	飲酒は交通事故の もとになる。
Q2	Daily exercises will keep you fit and healthy.	A2	毎日運動すると 健康でいられますよ。
Q3	It will not be long before your dream comes true.	A3	君の夢が実現する日も 遠くないだろう。

05 英語のことわざ・名言

●英語圏のマスメディアなどに登場する名言の確認をしよう。
●ことわざ・名言と、その意味を押さえよう。

POINT!

1. 考察としてのことわざ

Bad news travels fast.
「悪事千里を走る」 （人は悪い知らせのほうに興味をもちやすい）
The best things in life are free.
「人生で最良のものにはお金がかからない」 （美しい自然、家族との団らんなど、お金はかからなくても人を幸せにしてくれるものはいくらでもある）
The grass is always greener on the other side of the fence.
「隣の芝生は青い」 （他人の人生やその所有物は、常に自分のものよりよく見えるものである）
Too many cooks spoil the broth.
「船頭多くして船山に上る」 （１つの仕事に多くの人がかかわると、うまくいかなくなることが多い）

2. 処世訓としてのことわざ

Better late than never.
「やるべきことは遅きに失してもやった方がよい」 （時間がかかっても、遅くなっても、取り組んだほうがよい）

> ただし、このあとに "But better never late" と続くこともあるので、やはり遅れないほうがよいと言えるね。

Seeing is believing.
「百聞は一見にしかず」 (他人から何度も聞くよりも、自分の目で実際に確かめる方が理解が深まる)
Leave well (enough) alone.
「現状でうまくいっているのなら手を加えないほうがよい」 (やぶへびのこと。下手に改善しようとすると、悪化させる可能性がある)

3. 名スピーチ・名文句

It always seems impossible until it's done.
「何でも終わるまでは不可能に見えるものだ」(ネルソン・マンデラ)
If you can dream it, you can do it.
「夢は叶う」(ウォルト・ディズニー)
Ask not what your country can do for you; ask what you can do for your country.
「国があなたのために何をしてくれるのかを問うのではなく、あなたが国のために何を成すことができるのかを問うてほしい」(ジョン・F・ケネディ)
God doesn't require us to succeed; he only requires that you try.
「神様は私たちに成功してほしいなんて思っていません。ただ、挑戦することを望んでいるだけよ」(マザー・テレサ)
Quality is more important than quantity. One home run is much better than two doubles.
「2本の二塁打より、1本のホームランのほうがずっとよい(量より質が重要だ)」(スティーブ・ジョブズ)
Education is education. We should learn everything and then choose which path to follow. Education is neither Eastern nor Western, it is human.
「教育は教育です。私たちはあらゆることを学び、そのうえで、どんな道を歩むのかを選択するべきなのです。教育には東洋も西洋もありません。それがヒューマンです」(マララ・ユスフザイ)
When you've got nothing, you've got nothing to lose.
「何もかもなくなったときは、失うものがもうないってことだよ」(ボブ・ディラン)
Whoever saves one life, saves the world entire.
「1人を救う者が世界を救う」(映画『シンドラーのリスト』)
Hope is a good thing, maybe the best of things, and no good thing ever dies.
「希望はよいものだよ、おそらくいちばんにね。よいものは何があってもなくならないんだ」(映画『ショーシャンクの空に』)

英語

頻出度
B

05
英語のことわざ・名言

第1章 ● 人文科学 **105**

06 英語の言葉文化

● 英語に関するトリビアや教養知識の確認をしよう。
● 私たちの身のまわりにあふれている和製英語を
押さえておこう。

---

1. 英語のオノマトペ

- 動物の声や物音などを表す擬声語や、「くるくる」「ぴかぴか」のように物の動きや様子を表す擬態語のこと。"Onomatopoeia" から日本語でもオノマトペと言うようになった。

●動物の鳴き声

- 動物の名前が言葉によって違うように、その鳴き声も異なる。

猫の「ニャー」	➡ meow	犬の「ワンワン」	➡ bow-wow
豚の「ブーブー」	➡ oink oink	アヒルの「グァッ」	➡ quack
牛の「モー」	➡ moo	雄鶏の「コケコッコー」 ➡ cock-a-doodle-doo	
鳩の「クークー」	➡ coo	羊の「メー」	➡ baa

●人の声

- 屈託のない笑い声は "Ha ha." だが、サンタクロースは "Ho ho." とおおらかに笑う。笑い方によって表現が変わる。

物を落としたときやしくじったとき	➡ Oops!
「痛い！」と叫ぶとき	➡ Ouch!
くしゃみの「ハクション」の声	➡ Atchoo!
漫画などでの女性がネズミを見て叫ぶ「キャー」の声	➡ EeK!

マンガではこのような擬声語は大文字で表されるよ。

●動詞で表す英語

- 日本語のオノマトペは言葉を繰り返すのが特徴であるが、英語では大抵の場合は動詞1語で表される。

パチパチと拍手する	➡ clap	（旗などが）パタパタする	➡ flutter
クスクス笑う	➡ giggle	ガツガツ食べる	➡ gobble
（ドアを）トントンたたく	➡ knock	ネバネバする	➡ sticky

---

2. 和製英語

- 一見、英語のようでも実際にはまったく通じない、または異なった意味になってしまう日本生まれの表現。代表的な和製英語の表現パターンの正しい英語表現を確認しておこう。

● "up" "down" "in" "one" などと組み合わせた言い方

バージョンアップ ➡ upgrade	イメージダウン ➡ damage the image of～
ゴールイン（結婚）➡ get married	ワンパターン ➡ mannerism

●名詞や動詞を組み合わせた言い方

ベビーカー ➡ stroller	フリーサイズ ➡ one-size-fits-all

●英語にあるが意味が違うもの

クレーム（claim［動］）➡ complaint［名］

●日本製の英語

スキンシップ ➡ physical contact
ハートフル ➡ heart-warming / thoughtful

チェック問題　（　）に当てはまる言葉を答えよう。

Q1 "Ha ha." は陽気な笑い方。"Giggle." は（　）笑いである。　**A1** クスクス

Q2 "one-size-fits-all" は（　）という意味である。　**A2** フリーサイズ

Q3 次の英文を和訳せよ。We'll give it a try again in the next game.　**A3** 次の試合で巻き返したい。

チェックテスト （ ）に当てはまる言葉や記号を答えよう。

Q1 次の漢字の読みを答えよ。
知己（　　　） ➡ P12 **A1** ちき

Q2 「しかし」「だが」「ところが」は
（　　　）の接続語である。 ➡ P15 **A2** 逆接

Q3 漢字二字を書き入れて、四字熟語を完成させよ。
（　　　）壮語 ➡ P17 **A3** 大言

Q4 言葉を書き入れて、ことわざを完成させよ。
枯れ木も（　　　）のにぎわい ➡ P18 **A4** 山

Q5 述語になり、動きや状態を表す単語の品詞は
（　　　）である。 ➡ P20 **A5** 動詞

Q6 「え～ず」「つゆ～ず」など、特定の語と
対になって使われる副詞を
「（　　　）の副詞」という。 ➡ P22 **A6** 呼応（陳述）

Q7 1212 年に成立した、鴨長明による随筆は
『（　　　）』である。 ➡ P25 **A7** 方丈記

Q8 『金閣寺』『仮面の告白』『潮騒』の作者は
（　　　）である。 ➡ P27 **A8** 三島由紀夫

Q9 （　　　）は江戸幕府財政の
再建を図るため、株仲間を公認した。 ➡ P28 **A9** 田沼意次

Q10 1873 年、富国強兵のために
地租改正条例と（　　　）令が出された。 ➡ P30 **A10** 徴兵

Q11 1910 年の（　　　）によって、
日本の植民地支配が始まった。 ➡ P31 **A11** 韓国併合

Q12 1543年、（　　　）に漂着した
ポルトガル人によって
鉄砲が初めて伝来した。　　➡ P32
A12 種子島

Q13 室町幕府3代将軍足利義満は（　　　）を
開始し、同時代に北山文化が栄えた。　➡ P35
A13 日明貿易
（勘合貿易）

Q14 室町幕府8代将軍足利義政の時代に
（　　　）が栄えた。　　➡ P35
A14 東山文化

Q15 710年、元明天皇が（　　　）に遷都し、
唐の都長安を模範とした。　➡ P36
A15 平城京

Q16 1941年12月8日の（　　　）攻撃で
太平洋戦争が勃発した。　➡ P39
A16 真珠湾

Q17 1946年11月3日に
（　　　）が公布された。　➡ P40
A17 日本国憲法

Q18 法隆寺や玉虫厨子などを特徴とする文化を
（　　　）という。　➡ P43
A18 飛鳥文化

Q19 イギリス国王チャールズ1世の専制に対して、
議会は（　　　）を提出した。　➡ P44
A19 権利の請願

Q20 1914年、（　　　）皇太子夫妻が暗殺された
サラエヴォ事件が起こった。　➡ P47
A20 オーストリア

Q21 1947年3月、対ソ封じ込めを意味する
（　　　）が発表された。　➡ P48
A21 トルーマン・
ドクトリン

Q22 1973年10月、（　　　）が勃発して
第1次石油危機となった。　➡ P48
A22 第4次中東戦争

Q23 漢の高祖は長安に都を置き、
郡県制を改めて（　　　）を採用した。　➡ P50
A23 郡国制

Q24 朝鮮の第4代国王である世宗は
（　　　）を公布した。　➡ P51
A24 ハングル

Q25 1095年、ローマ教皇（　　　）が
聖地エルサレム奪還を呼びかけた。　→P53

A25 ウルバヌス2世

Q26 聖ピエトロ大聖堂建築の費用捻出のため、
ローマ教皇レオ10世は
（　　　）を発行した。　→P54

A26 免罪符

Q27 古代エジプトでは、ファラオの記録を残すため
象形文字である（　　　）を使用した。　→P56

A27 ヒエログリフ

Q28 1938年、（　　　）会談によって
ドイツへの宥和政策が実施された。　→P58

A28 ミュンヘン

Q29 知識は感覚的経験を基礎として
成立する思想を（　　　）論という。　→P60

A29 経験

Q30 （　　　）は、人間は自らの意思で行動できる
自由な主体（人格）であると説いた。　→P60

A30 カント

Q31 （　　　）は「無為自然」のまま生きることが、
理想であると主張した。　→P62

A31 老子

Q32 （　　　）教はヤハウェを信仰しており、
経典は旧約聖書である。　→P63

A32 ユダヤ

Q33 （　　　）は「悪人正機説」を説いて、
浄土真宗の開祖となった。　→P65

A33 親鸞

Q34 （　　　）は「正直」と「倹約」が、
商人の徳目であることを説いた。　→P66

A34 石田梅岩

Q35 日本列島を東日本と西日本に分ける
大断層線を（　　　）という。　→P68

A35 フォッサマグナ

Q36 日本で2番目に面積が大きい都道府県は
（　　　）である。　→P70

A36 岩手県

Q37 米の生産量が多い都道府県。
2位は北海道、1位は（　　　）である。　→P71

A37 新潟県

Q38 北朝鮮と韓国の軍事境界線は、北緯（　　　）付近に設けられている。　→ P73　**A38** 38度

Q39 1972年にストックホルムで開催された、環境問題に関する国際的な会議は（　　　）である。　→ P79　**A39** 国連人間環境会議

Q40 石炭の生産量は、（　　　）が世界全体の約半分を占める。　→ P81　**A40** 中国

Q41 地球の全周は約（　　　）kmである。　→ P82　**A41** 4万

Q42 任意の2つの地点の緯度と経度が比較しやすい、航海図に利用される正角図法は（　　　）である。　→ P84　**A42** メルカトル図法

Q43 ルネサンス期の芸術家（　　　）は、建築や科学の分野でも活躍し、万能の人と呼ばれた。　→ P86　**A43** レオナルド・ダ・ヴィンチ

Q44 印象派の由来にもなった『（　　　）』は、フランスの画家（　　　）によって描かれた作品である。　→ P87　**A44** 印象・日の出／モネ

Q45 『赤とんぼ』の作曲家は（　　　）、作詞家は（　　　）である。　→ P89　**A45** 山田耕筰／三木露風

Q46 『（　　　）』は滝廉太郎が作曲し、武島羽衣が作詞をした曲である。　→ P89　**A46** 花

Q47 （　　　）は装飾画に大和絵の技法を導入し、『風神雷神図屏風』を描いた。　→ P91　**A47** 俵屋宗達

Q48 浮世絵『東海道五十三次』を描いたのは浮世絵師（　　　）である。　→ P91　**A48** 歌川広重

Q49 （　　　）では形式美が追求され、ハイドンは交響曲を数多くつくった。　→ P93　**A49** 古典派

Q50 作曲家（　　　）はドイツ出身で
『ハンガリー舞曲』などを作曲した。
→ P94
A50 ブラームス

Q51
A：My boyfriend proposed to me last week.
B：（　　　）？
A：Just Kidding!
［ ア How do you like it / イ Anything else /
ウ Seriously / エ Like what ］
→ P96
A51 ウ

Q52
A：To eat not to eat, （　　　）is the question.
B：No question about （　　　）. Just eat it .
［ ア this / イ that / ウ which / エ it ］
→ P97
A52 イ／エ

Q53
次の英文を発信型英語に書き換えよ。
It is a pity that a college student does not know
such a thing.
「大学生とあろう者がそんなことも知らないなんて
残念だ」
→ P97
A53 A college student should know that.

Q54
次の語を正しい順に並べよ。
I（　　　）（　　　）（　　　）（　　　）（　　　）
（　　　）.
［ the / yesterday / got / Nancy / from / letter ］
→ P102
A54 got the letter from Nancy yesterday

Q55
次の英文を和訳せよ。
There's no place like home.
→ P103
A55 家ほどいいものはない。

Q56
Bad news （　　　）fast.
「悪事千里を走る」
→ P104
A56 travels

Q57
"Cluck" は雌鳥の鳴き声、
"（　　　）" は雄鶏の鳴き声だ。
→ P106
A57 Cock-a-doodle-doo

Q58
次の文を英文にせよ。
「時々、私はお客さまから苦情を
いただくことがある」
→ P107
A58 I often get complaints from my customers.

自然科学

情報	地学	生物	化学	物理	数学
166	156	146	136	126	114

01 平面図形

- 円やおうぎ形の性質を理解しよう。
- さまざまな三角形の線分の比率や角度などを、与えられた情報から求められるようにしよう。

POINT!

---

1. 円とおうぎ形 ◀重要

- 半径 r の円周の長さを l、円の面積を S とすると、

  ① $l = \underline{2\pi r}$

  ② $S = \underline{\pi r^2}$

- 半径 r、中心角 $a°$ のおうぎ形の弧の長さを l、面積を S とすると、

  ① $l = \underline{2\pi r \times \dfrac{a}{360}}$

  ② $S = \underline{\pi r^2 \times \dfrac{a}{360}}$

---

2. 平行線と線分の比 ◀重要

- △ABC で、辺 AB、AC 上に、それぞれ、点 P、Q があるとき、

  ① PQ ∥ BC ならば、AP：AB＝$\underline{AQ：AC＝PQ：BC}$

  ② PQ ∥ BC ならば、AP：PB＝$\underline{AQ：QC}$

- 2 つの直線が、3 つの平行な直線と、右の図のように交わっているとき、

  ①$\underline{a：b＝a'：b'}$

  ②$\underline{a：a'＝b：b'}$

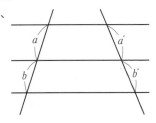

3. 円周角と中心角 ◀重要

- 1つの弧に対する円周角の大きさ
  は、その弧に対する中心角の大
  きさの半分である。
- 同じ弧に対する円周角の大きさは、
  等しい。

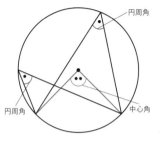

円周角

円周角

中心角

4. 三平方の定理 ◀重要

直角三角形の直角をはさむ2辺の長
さを a、b、斜辺の長さを c とすると、
$a^2 + b^2 = c^2$ が成り立つ。

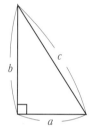

c

b

a

チェック問題 　〔　〕に当てはまる数を答えよう。

Q1 中心角が 60° のおうぎ形の弧の長さが 6πcm のとき、
半径の長さは〔　　〕cm である。

A1 18

Q2 右の図の四角形 ABCD において、
AD∥BC、AD∥EF であり、
AD＝2cm、BC＝4cm、
AE：EB＝2：3 である。
このとき、EF の長さは
〔　　〕cm である。

A ─2cm─ D
E ──── F
B ──4cm── C

A2 2.8 $\left(\dfrac{14}{5}\right)$

Q3 半径 9cm の円で、中心 O からの距離が
6cm である弦 AB の長さは〔　　〕cm である。

A3 $6\sqrt{5}$

02 数と式

- ●平方根の性質と、有理化について理解しよう。
- ●指数に関する法則は必ず覚えよう。
- ●展開や因数分解をできるようにしておこう。

POINT!

---

1. 平方根 ◀重要

- 2乗して a になる数を <u>a の平方根</u>という。正の数の平方根は正の数と負の数の2つがある。
- 例えば、9の平方根は $\pm\sqrt{9}$ であり、整理すると ± 3。5の平方根は $\pm\sqrt{5}$ 。

---

2. 有理化 ◀重要

- 分数の分母に平方根がある場合に、分母から平方根をなくすことを<u>有理化</u>という。

  有理化は以下のように行う。

  $$\frac{1}{\sqrt{5}} = \frac{1 \times \sqrt{5}}{\sqrt{5} \times \sqrt{5}} = \frac{\sqrt{5}}{5}$$

---

3. 指数 ◀重要

① $a^0 = \underline{1}$

② $a^m \times a^n = \underline{a^{m+n}}$

③ $a^m \div a^n = \underline{a^{m-n}}$

④ $a^{-n} = \dfrac{1}{\underline{a^n}}$

$-7^2 = -49$、$(-7)^2 = 49$ という違いにも気をつけよう！

⑤ $(a^m)^n = \underline{a^{mn}}$

⑥ $(ab)^n = \underline{a^n b^n}$

4. 展開と因数分解 ◀重要

① $a(x+b) = \underline{ax+ab}$

② $(x+a)(x-a) = \underline{x^2-a^2}$

③ $(x+a)^2 = \underline{x^2+2ax+a^2}$

④ $\underline{(x-a)^2} = x^2-2ax+a^2$

⑤ $(x+a)(x+b) = \underline{x^2+(a+b)x+ab}$

⑥ $\underline{(x-a)(x-b)} = x^2-(a+b)x+ab$

⑦ $(ax+b)(cx+d) = \underline{acx^2+(ad+bc)x+bd}$

• （　）を外して左辺を右辺に変形することを「展開」、逆に右辺を
  左辺に変形することを「因数分解」と呼ぶ。

> 展開や因数分解は、2次方程式の解を求める
> 際にも必要になるのでしっかり覚えよう。

チェック問題　（　）に当てはまる数を答えよう。

Q1 36 と 48 の公約数は、
（　）個ある。

A1 6

Q2 90 の正の約数のうち、
偶数であるものの和は（　）である。

A2 156

Q3 $\sqrt{90-6a}$ の値が整数となるような
正の整数 a は、（　）である。

A3 9

Q4 $-3^2+(2-\dfrac{1}{2})^2 \times 4+(-4)^2$ を
計算すると、（　）となる。

A4 16

Q5 $\dfrac{3x+2y}{2} - \dfrac{5x+2y}{3}$ を計算すると、
（　）となる。

A5 $\dfrac{-x+2y}{6}$

1. 和の法則と積の法則 ◀重要

• 和の法則…事象 A の起こる場合が m 通りあり、事象 B の起こる場合が n 通りある。A と B が同時には起こらないとき、A、B のいずれかが起こる場合の数は $\underline{m+n}$ 通りである。

• 積の法則…事象 A の起こる場合が m 通りあり、それぞれの場合に対して事象 B の起こる場合が n 通りずつある。このとき、A、B がともに起こる場合の数は $\underline{m \times n}$ 通りである。

2. 順列 ◀重要

• 異なる n 個のものから r 個を取り出して 1 列に並べたものを、n 個から r 個とる順列といい、その総数を $_nP_r$ で表す。
  $_nP_r = \underline{n(n-1)(n-2)\cdots\cdots(n-r+1)}$

• 1~9 の 9 個の数字から異なる 3 つの数字を選んでできる 3 けたの整数の個数は、$_9P_3 = \underline{9 \times 8 \times 7} = 504$（個）である。

3. 組合せ ◀重要

• 異なる n 個のものから r 個を取り出して 1 組としたものを、n 個から r 個とる組合せといい、その総数を $_nC_r$ で表す。

- $_n\mathrm{C}_r = \dfrac{_n\mathrm{P}_r}{r!} = \dfrac{n(n-1)(n-2)\cdots\cdots(n-r+1)}{r(r-1)(r-2)\cdots\cdots 1}$

- 異なる 9 色の絵の具から 3 色を選ぶ組合せの数は、

  $_9\mathrm{C}_3 = \dfrac{9\times 8\times 7}{3\times 2\times 1} = 84$(通り)である。

4. 確率 ◀重要

- 起こり得るすべての場合が n 通りあり、そのうち事象 A の起こる場合が a 通りであるとき、

  事象 A の確率 $P = \dfrac{a}{n}$

  = 事象 A が起こる場合の数 a ÷起こり得るすべての場合の数 n

> 事象Aの余事象〔事象Aが起こらない事象〕を
> 考えたほうが簡単に解ける場合もある！

チェック問題 　　〔　〕に当てはまる数を答えよう。

Q1 A、B、C の小学生 3 人と、D、E の中学生 2 人の合計 5 人で、チームを組んで水泳のリレーに出場する。泳ぐ順序が、小学生、中学生、小学生、中学生、小学生と決められているとき、泳ぐ順序は全部で（　　　）通りある。

A1 12

Q2 1 から 9 までの数が書かれたカードがそれぞれ 1 枚ずつある。この 9 枚のカードから同時に 2 枚を取り出すとき、2 枚のカードに書かれた数の和が 5 の倍数になる確率は（　　　）である。

A2 $\dfrac{2}{9}$

Q3 $_5\mathrm{P}_3 + _6\mathrm{P}_2$ の値は（　　　）である。

A3 90

Q4 $_8\mathrm{C}_7 + _8\mathrm{C}_6$ の値は（　　　）である。

A4 36

数 学

頻出度

A # 04 方程式・不等式

●方程式による解の求め方や因数分解の方法を押さえよう。
●2次方程式の解の公式は覚えておこう。
●不等式の法則を確認しよう。

POINT!

---

1. 1 次方程式 ◀重要

- $ax=b$ $(a \neq 0)$ の解は、 $x = \dfrac{b}{a}$

---

2. 2 次方程式 ◀重要

- 因数分解を利用して解を求める。

  $x^2+5x+6=0$ の場合、$x^2+(2+3)x+(2 \times 3)=0$ と考え、

  $(x+2)(x+3)=0$ と変形できる。

  $x+2=0$ または $x+3=0$ と考え、$x=-2, -3$ という解になる。

- $ax^2+bx+c=0$ $(a \neq 0)$ の解の公式は、

  $$x = \frac{-b \pm \sqrt{b^2-4ac}}{2a}$$

---

3. 1 次不等式

- $ax>b$ の解は、

  ① $a>0$ のとき、$x > \dfrac{b}{a}$

  ② $a<0$ のとき、$x < \dfrac{b}{a}$

> 両辺を負の数でわると、
> 不等号の向きが逆になる！

4. 2次不等式

- $ax^2+bx+c=0$（$a>0$）の解が α と β であり、$\alpha<\beta$ とする。
  ① $ax^2+bx+c<0$（$a>0$）における解の範囲は、

  $\underline{\alpha<x<\beta}$

  ② $ax^2+bx+c>0$（$a>0$）における解の範囲は、

  $\underline{x<\alpha \ , \ \beta<x}$

5. 方程式の応用 ◀重要

- 速さ

$$（速さ）=\frac{（道のり）}{（時間）}、\quad （道のり）=\underline{（速さ）\times（時間）}、\quad （時間）=\frac{（道のり）}{（速さ）}$$

- 質量パーセント濃度

$$（食塩水の濃度）=\frac{（食塩の量）}{（食塩水の重さ）}\times100（\%）$$

速さや濃度は頻出！
解法は必ず押さえて、問題演習をしておこう。

 チェック問題　（　）に当てはまる数を答えよう。

Q1 リンゴ2個とパイナップル1個を買った。定価のままで買うと代金は440円になるが、リンゴは定価の20%引き、パイナップルは定価の10%引きで買うことができたので、代金は372円になった。このときのリンゴ1個の定価は（　　　）円である。

A1 120

Q2 $\sqrt{3}$、$\dfrac{1}{\sqrt{3}}$、$-\dfrac{\sqrt{3}}{5}$、$\dfrac{2}{\sqrt{3}}$ を小さい順に並べ、不等号を用いて表すと（　　　）となる。

A2 $-\dfrac{\sqrt{3}}{5}<\dfrac{1}{\sqrt{3}}<\dfrac{2}{\sqrt{3}}<\sqrt{3}$

Q3 和が2、積が−2となる2つの数は、（　　　）である。

A3 $1+\sqrt{3}$、$1-\sqrt{3}$

05 関数

● さまざまな形の1次関数の式から、傾きや切片、
　直線の交点を求められるようになろう。
● 2次関数の頂点を求める式の変形を押さえよう。

POINT!

---

1. 1次関数 ◀重要

● 基本の式　$y = ax + b$　a, b は定数変化の

　割合 $= \dfrac{y\text{の増加量}}{x\text{の増加量}} = \underline{a}$

　グラフは、傾き $\underline{a}$、切片 $\underline{b}$ の直線である。

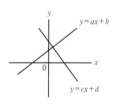

● 2つの直線の交点

　2つの1次関数 $y = ax + b$、

　$y = cx + d$ のグラフは、$\underline{a \neq c}$ ならば

　1点で交わる。

　交点の座標は、$y = ax + b$ と

　$y = cx + d$ を<u>連立方程式</u>とみて解いた

　ときの解と一致する。

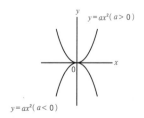

---

2. 2次関数 ◀重要

● 基本の式

　$y = ax^2 + bx + c$

　$a \neq 0$ で、a, b, c は定数

● $y = ax^2$ のグラフ

　$a > 0$ のとき、<u>下に凸</u>の放物線

　$a < 0$ のとき、<u>上に凸</u>の放物線

- $y=ax^2+q$ のグラフ

  $y=ax^2$ のグラフを y 軸方向に q だけ平行移動した放物線で、

  軸は**y 軸**、頂点は点（**$0, q$**）

- $y=a(x-p)^2$ のグラフ

  $y=ax^2$ のグラフを x 軸方向に p だけ平行

  移動した放物線で、

  軸は直線 **$x=p$**、頂点は点（**$p, 0$**）

- $y=a(x-p)^2+q$ のグラフ

  $y=ax^2$ のグラフを x 軸方向に p、

  y 軸方向に q だけ平行移動した放物線で、

  軸は直線 **$x=p$**、頂点は点（**p, q**）

> 2次関数の式 $y=ax^2+bx+c$ は、
> グラフの頂点を示す式 $y=a(x-p)^2+q$ に変形しよう！

チェック問題　　（　）に当てはまる数や言葉を答えよう。

Q1 直線 $y=2x+4$ と x 軸の交点を A とする。
点 A を通り、直線 $y=\frac{1}{2}x+1$ と垂直に交わる
直線の式は（　　）である。

A1 $y=-2x-4$

Q2 2点（$-2, 2$）、（$3, 7$）を通る
直線の式は（　　）である。

A2 $y=x+4$

Q3 頂点の座標が（$2, 3$）で点（$1, 4$）を通る
放物線は（　　）に凸である。

A3 下

Q4 $y=ax^2+2$ において、x の値が 2 から 5 まで
変化するときの変化の割合は 84 であった。
a の値は（　　）である。

A4 12

数 学

頻出度

B

06 空間図形

● 立体の表面積や体積を求めるための考え方を、
  しっかり押さえておこう。
● 球や錐体などに関わる公式は必ず覚えよう。

POINT!

---

1. 立体の表面積

- 柱体の表面積は、(底面積)×2＋(側面積) で求められる。

  例えば、底面の半径が r、
  高さが h の円柱の側面積は、

  $h \times 2\pi r = 2\pi rh$

  よって、表面積を
  S とすると

  $S = 2\pi r^2 + 2\pi rh$

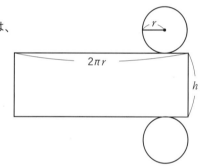

- 錐体の表面積は、(底面積)＋(側面積) で求められる。

  例えば、底面の半径が r、
  母線の長さ g の円錐の側面積は、

  $\pi g^2 \times \dfrac{2\pi r}{2\pi g} = \pi gr$

  よって、表面積を S とすると、

  $S = \pi r^2 + \pi gr$

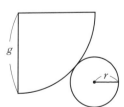

- 半径 r の球の表面積を S とすると、

  $S = 4\pi r^2$

2. 立体の体積

- 柱体の底面積を S、高さを h、体積を V とすると、$\underline{V = Sh}$

  例えば、円柱では、底面の半径を r とすると、

  $\underline{V = \pi r^2 h}$

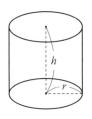

- 錐体の底面積を S、高さを h、体積を V とすると、

  $\underline{V = \dfrac{1}{3} Sh}$

  例えば、円錐では、底面の半径を r とすると、

  $\underline{V = \dfrac{1}{3} \pi r^2 h}$

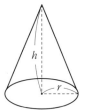

- 半径 r の球の体積を V とすると、$\underline{V = \dfrac{4}{3} \pi r^3}$

錐体の体積は、柱体の体積の $\dfrac{1}{3}$ と覚えておこう!

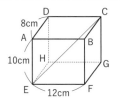

チェック問題　〔　〕に当てはまる数を答えよう。

Q1 右の図の直方体において、対角線 CE の長さは（　　　）cm である。

A1 $2\sqrt{77}$

Q2 半径が 6cm である球の表面積は（　　　）cm^2 である。

A2 144π

Q3 底面の半径が 3cm で、高さが 6cm の円錐の体積は（　　　）cm^3 である。

A3 18π

01 電流と磁界

POINT!

- ●電流と磁界に関する基本的な性質を確認しよう。
- ●オームの法則を用いる計算問題を押さえよう。
- ●電流と磁界の向きの関係を理解しよう。

☐ 電流 ◀重要

- R〔Ω〕の抵抗に E〔V〕の電圧をかけて I〔A〕の電流が流れるとき、E〔V〕$= I$〔A〕$\times R$〔Ω〕が成り立つ（**オームの法則**）。

- 直列または並列につないだ複数の抵抗を、1つの抵抗で置き換えたときの抵抗値を**合成抵抗**という。

  直列回路：$R = R_1 + R_2 + R_3 + \cdots\cdots$

  並列回路：$\dfrac{1}{R} = \dfrac{1}{R_1} + \dfrac{1}{R_2} + \dfrac{1}{R_3} + \cdots\cdots$

- 棒状の導体の抵抗 R〔Ω〕は、棒の長さ L〔m〕に比例し、断面積 S〔m²〕に反比例する。この比例定数を抵抗率 ρ〔Ω・m〕といい、$R = \rho\dfrac{L}{S}$ が成り立つ。

- 電力 P〔W〕は電気器具などが1〔秒：s〕に使う電気の量で、P〔W〕$= I$〔A〕$\times E$〔V〕が成り立つ。

- E〔V〕の電圧で電流 I〔A〕の電流が t〔時間：h〕流れた仕事を電力量〔Wh〕といい、**電力量〔Wh〕= 電力 P〔W〕× 時間〔h〕** が成り立つ。

- 交流電流の向きが1秒間に変わる回数を**周波数**〔Hz〕という。東日本では **50Hz**、西日本では **60Hz** である。

☐ 磁界 ◀重要

- 磁界の中で電流を流した場合、電流を流している導線は磁界から力を受けて動く。このとき、電流の向き、磁界の向きと力の向きは**フレミングの左手の法則**から簡単にわかる。

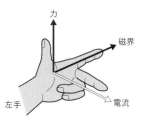

- **モーター**や**スピーカー**は電流が磁界から受ける力を利用している。

- コイルのそばで磁石を動かすなどにより**磁界を変化**させると、コイルに電流が生じる電磁誘導が見られる。電磁誘導は発電機などに利用されている。

- まっすぐな導線の周りにできる磁界は右ねじの回る向きに、右ねじの回る向きに電流が流れるときには右ねじが進む向きに磁界ができる。

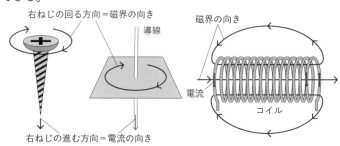

チェック問題　( )に当てはまる数字を答えよう。

Q1 12 Ωの抵抗に 3A の電流が流れたとき、( )V の電圧が加わっている。

 A1 36

Q2 1Ωと 3Ωの電熱線が直列につながれていて、電源の電圧が 20V のとき、回路全体の抵抗は ( )Ωだ。

 A2 4

Q3 2Ωの抵抗が 2 個並列につながれ、6V の電圧が加えられているとき、( )A の電流が流れている。

 A3 6

02 運動

● 運動の法則について理解しよう。
● 運動の様子に関する情報から、
　移動距離や速度を求める問題を解けるようになろう。

POINT!

1. ニュートンの運動の法則 重要

法則名	法則の内容
運動の第一法則 慣性の法則	静止している物体は静止を続け、運動している物体は等速直線運動を続ける。
運動の第二法則 運動方程式	物体に力が作用すると、力の向きに加速度 a〔m/s^2〕が生じ、加速度の大きさは力 F に比例し、物体の質量 m〔kg〕に反比例する（$F=ma$）。
運動の第三法則 作用反作用の法則	異なる2つの物体AとBがあり、AがBに力を及ぼすとき、BもAに力を及ぼす。それぞれの力を「作用」「反作用」といい、互いに向きは反対で大きさは等しい。

2. 運動の種類 重要

- 物体が等しい速さで一直線上を運動するとき、その物体は等速直線運動をする。速さを v、移動距離を x、時間を t とすると、$v = \dfrac{x}{t}$ が成り立つ。

- 速度の変化の割合を加速度という。初速度 v_0〔m/s〕、時間 t〔s〕における速度を v〔m/s〕とすると加速度 a〔m/s^2〕は、$a = \dfrac{v - v_0}{t}$ となる。

- 直線上を運動する物体の加速度が一定の場合の運動を等加速度直線運動という。初速度 v_0〔m/s〕、加速度 a〔m/s²〕、移動にかかった時間を t〔s〕とし、t 秒後の移動距離を x、速度を v〔m/s〕とすると、<u>$v = v_0 + at$</u>、<u>$x = v_0t + \dfrac{1}{2}at^2$</u> が成り立つ。

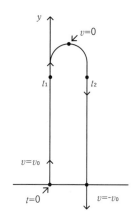

- 物体は重力加速度 g を受けながら自由落下運動をするので、落下するときの加速度運動は <u>$v = gt$</u>、変位 <u>$y = \dfrac{1}{2}gt^2$</u> となる。

- 物体を上向きに投げる運動について、上向きを正として初速度 v_0〔m/s〕、t 秒後の位置を y、速度を v〔m/s〕とすると、<u>$v = v_0 - gt$</u>、変位 <u>$y = v_0t = -\dfrac{1}{2}gt^2$</u> となり、最高点の位置では物体の<u>速度 $v = 0$</u> になる。

チェック問題　〔　〕に当てはまる数字や言葉を答えよう。

Q1 静止している物体は静止を続け、運動している物体は等速直線運動を続ける法則を（　　　）という。
A1 慣性の法則

Q2 ある物体の初速度は 4〔m/s〕で、出発から 5 秒後の速度は 14〔m/s〕であった。この物体の加速度の大きさは（　　　）〔m/s²〕である。
A2 2

Q3 重力加速度を 9.8〔m/s²〕とする。ビルの屋上から落とした鉄球が 5 秒後に地面に衝突した場合、ビルの屋上までの高さは（　　　）m である。
A3 122.5

Q4 ある物体を、初速度 $v_0 = 49$〔m/s〕で真上に向かって投げ上げた。この物体の 2 秒後の速さ v は（　　　）〔m/s〕である。
A4 29.4

03力

● それぞれの公式を理解し、計算問題に慣れよう。
● ばねや動滑車など、道具を使う力の働きについて、公式の
意味を考えよう。

POINT!

1. 力 重要

- 1つの物体にいくつかの力が同時に働いても、それらの合力が0
であるとき、これらの力は**つり合っている**という。

- 地球上で物体が鉛直方向に受ける加
速度を重力加速度といい、$g \fallingdotseq 9.8$
〔m/s²〕で表す。質量 m で重力加速
度を g とすると、この物体に働く重
力の大きさは $\underline{mg}$ で表される。

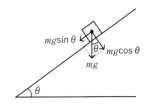

- 水平面から θ の角度で傾いた斜面上
の質量 m の物体に働く重力の斜面
に沿う力は $\underline{mg\sin\theta}$ で、斜面に垂直
な力は $\underline{mg\cos\theta}$ になる。

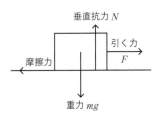

- 物体が面から受ける力を<u>抗力</u>、面に
垂直な力を<u>垂直抗力</u>、面に平行な力
を<u>摩擦力</u>という。

- <u>静止摩擦力</u>は $\underline{\mu_0 \times N}$（$\mu_0$：静止摩擦係数　N：垂直抗力）で表され、
引く力 F が大きくなるにつれて静止摩擦力も大きくなる。

- <u>動摩擦力</u>は $\underline{\mu \times N}$（μ：動摩擦係数　N：垂直抗力）で表され、引く
力 F にかかわらず<u>動摩擦係数は一定</u>となる。

- <u>浮力 $F = \rho V g$</u>（F：浮力　ρ：液体の密度　V：物体の液体に浸っている
部分の体積　g：重力加速度）で表される。

2. 道具を使うときの力 ◀重要

- ばねののびと弾性力が比例する
  という法則をフックの法則とい
  う。$F = kx$（F：ばねを引く力　k：
  ばね定数　x：ばねののび）

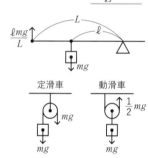

- ばねを組み合わせる場合

  直列接続：$\dfrac{1}{k} = \dfrac{1}{k_1} + \dfrac{1}{k_2}$

  並列接続：$k = k_1 + k_2$

- <u>てこ</u>を使い、支点から距離 ℓ〔m〕の位置にある質量 m〔kg〕の物体を
  支点から距離 L〔m〕の位置で持ち上げるのに必要な力は $\dfrac{\ell\, mg}{L}$〔N〕。

- <u>滑車</u>を用いて質量 m〔kg〕の物体を
  持ち上げるのに必要な力は、定滑
  車を用いると <u>mg</u>〔N〕、動滑車を用
  いると $\dfrac{1}{2} mg$〔N〕である。動滑
  車を使う場合は、持ち上げるのに
  必要な力の大きさは<u>半分</u>になるが、
  巻き取るひもの長さは<u>倍</u>になる。

チェック問題　〔　　〕に当てはまる数字を答えよう。

Q1 静止摩擦係数を 0.8、重力加速度 g は 9.8〔m/s²〕とする。水平面の上に質量 3.0kg の物体を置き、物体に対して水平に力 F を加えたとき、物体を滑らせるために必要な力 F の大きさは（　　　）〔N〕より大きい力になる。　**A1** 23.52

Q2 てこが水平につり合っている。支点から 4cm 離れたところに 20g のおもりをつり下げたとき、反対側の 8g のおもりの支点からの距離は（　　　）cm になる。　**A2** 10

●凸レンズによってできる像の位置や大きさ、光の屈折の仕方などについて確認しよう。

POINT!

●波の性質について押さえよう。

1. 凸レンズを通る光の進み方 ◀重要

- 焦点距離が f の凸レンズの中心 O から物体までの距離が a で、b の距離にスクリーンを置いたとき、物体とは反転した倒立の実像ができる $\left(\dfrac{1}{a} + \dfrac{1}{b} = \dfrac{1}{f}\right)$。

- 凸レンズの中心 O から物体までの距離 a が焦点距離よりも小さいとき $(a < f)$ レンズを通して見える正立した虚像ができる $\left(\dfrac{1}{a} - \dfrac{1}{b} = \dfrac{1}{f}\right)$。

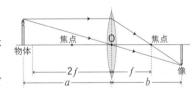

2. 波

種類	進行方向と振動方向	具体例
横波	垂直	光や電波（電磁波）、地震波の S 波
縦波	並行	音波、地震波の P 波

- **波長**…波 1 個分の長さ λ〔m〕。
- **振幅**…波の変位の最大値。
- **振動数**…波が 1 秒間に振動する回数 f〔Hz〕。
- 波が伝わる速さ $(v = f\lambda)$。

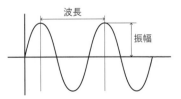

- 周期…波が1回振動するのに要する時間 T ($f = \dfrac{1}{T}$)。

3. 波の性質

- 光の反射の法則…入射角＝反射角
- 光の屈折の法則…媒質A、Bにおける波の速さが v_1〔m/s〕、v_2〔m/s〕、媒質AからBに入射する波の入射角 i、屈折角 r のとき、

$\dfrac{\sin i}{\sin r} = \dfrac{v_1}{v_2} = n$（$n$：媒質Aに対する媒質Bの屈折率）。

- 屈折率の大きい媒質から小さい媒質へ透過するときは全反射が起きることがある（利用例：光ファイバー、胃カメラ）。
- 音源が動いたり、観測者が動いたりすることにより、音が高く聞こえたり、低く聞こえたりする現象をドップラー効果という。
  音速 V〔m/s〕、振動数 f_0〔Hz〕の音源が速さ v〔m/s〕で近づき、観測者が u〔m/s〕で遠ざかるとき、観測者が聞く振動数 f〔Hz〕は $f = \dfrac{V-u}{V-v} \times f_0$ となる。

チェック問題　（　）に当てはまる数字や言葉を答えよう。

Q1 凸レンズから 10cm 離れたところに光源を置くと、レンズの反対側の 15cm 離れたところに実像ができた。このレンズの焦点距離は（　　　）cm である。
A1 6

Q2 媒質が異なる境界面に達すると波の一部は反射するが、このとき入射角と反射角は（　　　）。
A2 等しい

Q3 波が1秒間に振動する回数を（　　　）という。
A3 振動数

Q4 救急車などの音源が動いたり、観測者が動くことにより音が高く聞こえたり低く聞こえたりする現象を（　　）という。
A4 ドップラー効果

B 05 エネルギー

●エネルギーの種類や性質を確認しよう。
●仕事や仕事率の計算方法を押さえよう。
●エネルギーの原理や原則について理解しよう。

POINT!

1. いろいろなエネルギー ◀ 重要

• エネルギーとは、<u>仕事</u>をする能力のことである。

• 質量 m 〔kg〕、速さ v 〔m/s〕、高さ h 〔m〕、重力加速度 g 〔m/s²〕、ばね定数 k 〔N/m〕、ばねの縮み x 〔m〕とする。

• <u>運動エネルギー</u>（運動している物体がもつエネルギー）＝ $\dfrac{1}{2}mv^2$

• <u>位置エネルギー</u>（高いところにある物体がもつエネルギー）＝ $\underline{mgh}$

• <u>弾性エネルギー</u>（ばねにつながった物体がもつエネルギー）＝ $\dfrac{1}{2}kx^2$

（ばねをのばすのに要する力の大きさ：フックの法則 $\underline{F=kx}$）

• <u>熱エネルギー</u>（高温の物体がもっているエネルギー、熱量）…質量 m 〔g〕、比熱 c 〔J/(g・K)〕の物質に熱が出入りして温度が変化し、その差が $\varDelta T$ 〔K または℃〕のとき、物質を出入りした熱量は $\underline{mc\varDelta T}$ 〔J〕である。

□ 仕事

• 物体に一定の力 F 〔N〕を加え続けて物体が力の向きにある距離 s 〔m〕だけ移動したとき、仕事 W 〔J〕＝ $\underline{Fs}$ で表される。

• W 〔J〕の仕事を t 〔s〕で行ったものを <u>仕事率 $\dfrac{W}{t}$</u> といい、単位は 〔$\underline{W：ワット}$〕になる。

☐ エネルギーの総和

- 物体のもつ運動エネルギーと位置エネルギーの和を<u>力学的エネルギー</u>という。力学的エネルギー = $\underline{mgh + \dfrac{1}{2}mv^2}$

- 運動エネルギーの変化量は、物体に作用した仕事量に等しい。

$W〔J〕= \dfrac{1}{2}mv^2 - \dfrac{1}{2}mv_0{}^2$ （速さが v_0 から v に変化したとき）

力学的エネルギーの保存	物体は外的な力を受けなければ、<u>エネルギーの総和</u>は保存される。
仕事の原理	道具の質量や摩擦が無視できるとき、滑車・てこ・斜面などの道具を用いる場合と用いない場合で仕事の量は変わらない。
熱量保存則	温度の異なる2つの物質が接すると、片方の温度は下がり、片方の温度は上がり、やがてその温度は等しくなる。このとき、2つの物体のもつ熱量の総和は<u>変化しない</u>。
エネルギーの変換	エネルギーには光、電気、化学などさまざまな種類があり、<u>互いに変換</u>することができる（水力発電：位置エネルギー→力学的エネルギー→電気エネルギー、電球：電気エネルギー→光エネルギー）。

チェック問題　〔　〕に当てはまる数字や言葉を答えよう。

Q1 重力加速度を 9.8〔m/s²〕とする。質量1kgの物体を地上20mの高さから自由落下させた。地面に達したときの運動エネルギーは（　　）〔J〕である。 — **A1** 196

Q2 重力加速度を 10〔m/s²〕とする。物体を初速度12〔m/s〕で打ち上げたとき、最高点までの高さは（　　）mである。 — **A2** 7.2

Q3 10〔N〕の力で50秒間に2m動かしたときの仕事の大きさは（　　）〔J〕である。 — **A3** 20

Q4 エネルギーが移り変わるとき、エネルギーの総量は（　　）。 — **A4** 変わらない

01 酸化・還元

● 金属のイオン化傾向は確実に覚えよう。
● 物質の酸化・還元について押さえよう。
● 電池のしくみを酸化還元反応と関連づけて理解しよう。

POINT!

□ 金属の**イオン化傾向** ◀ 重要

• 水溶液中における**陽イオン**へのなりやすさを**イオン化傾向**という。

	Li K Ca Na Mg Al Zn Fe Ni Sn Pb (H2) Cu Hg Ag Pt Au
イオン化傾向	大 ◀————————————————————▶ 小
空気中での反応	すぐに酸化 / 加熱で酸化 / 強熱で酸化 / 酸化されない
水との反応	常温の水と反応 / 熱水と反応 / 高温水蒸気と反応 / 反応しない

□ 物質の**酸化・還元** ◀ 重要

	酸素原子	水素原子	電子	酸化数
酸化（される）	受け取る	失う	失う	増加する
還元（される）	失う	受け取る	受け取る	減少する

1. 化学エネルギーと電気エネルギー ◀ 重要

• **酸化還元反応**を利用して電子の流れを生み出し、それによって**化学**エネルギーを**電気**エネルギーに変える装置を**電池**という。

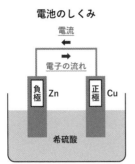

電池のしくみ

負極	電子を放出する（酸化）。
正極	電子を受け取る（還元）。

- 充電が可能な電池を<u>二次電池</u>（蓄電池）という。<u>鉛蓄電池</u>、<u>ニッケル・水素電池</u>など。

電池の種類	負極	正極
マンガン乾電池	亜鉛	二酸化マンガン
鉛蓄電池	鉛	二酸化鉛
ボルタ電池	亜鉛	銅

- <u>ボルタ電池</u>において、銅板で発生した水素が電子の流れを妨げることにより、起電力が急激に低下する現象を<u>分極</u>という。

- <u>ファラデーの法則</u>…1833 年にファラデーが見出した電気分解における変化量に関する法則。

チェック問題　（　）に当てはまる言葉を答えよう。

Q1	イオン化傾向とは、金属の水溶液で（　　　）へのなりやすさをいう。	**A1**	陽イオン
Q2	亜鉛（Zn）のイオン化傾向は金（Au）より（　　）く、リチウム（Li）より（　　）い。	**A2**	大きさ 小さ
Q3	物質が電子を失うと、その物質は（　　　）されたことになる。	**A3**	酸化
Q4	電池は、（　　　）反応を利用して電子の流れを生み出している。	**A4**	酸化還元
Q5	鉛蓄電池などの充電が可能な電池を（　　　）という。	**A5**	二次電池（蓄電池）

02 化学の基本法則・計算問題

POINT!
- 化学の基本法則、提唱者、法則の内容を組み合わせた問題を解けるようにしておこう。
- 化学に関する計算問題も解けるように、理解しておこう。

1. 化学の基本法則と提唱者 ◀重要

法則	提唱者	法則の内容
質量保存の法則	ラボアジエ	化学反応に関係した物質の総和は、反応の前後で変化しない。
定比例の法則	プルースト	ある化合物を構成する成分元素の質量比は、化合物のつくり方によらず常に一定である。
倍数比例の法則	ドルトン	2種類の元素から2種類以上の化合物が生じる場合、一方の元素の一定質量が化合する他方の元素の質量は、それらの化合物間で簡単な整数比となる。
気体反応の法則	ゲーリュサック	化学反応に関係する気体の体積の比は、同温、同圧下で簡単な整数の比となる。
アボガドロの法則	アボガドロ	同温、同圧下で同体積の気体は、気体の種類と無関係に同数の分子を含む。

2. 反応熱と熱化学方程式 ◀重要

- 化学反応において、熱が発生する反応を**発熱反応**、熱を吸収する反応を**吸熱反応**といい、この熱のことを**反応熱**という。
- 化学反応式に熱エネルギーを書き加え、反応に伴う熱の出入りを示したものを**熱化学方程式**という。発熱反応は符号を＋、吸熱反応は符号を−にして表す。

- **ヘスの法則**（総熱量保存の法則）を使って、測定困難な反応熱を計算によって求めることができる。

  反応熱＝生成物の生成熱の和

  　　　　－反応物の生成熱の和

  例）反応経路①

  $$H_2(気) + \frac{1}{2} O_2(気) = H_2O(気) + 242kJ$$

  $$H_2O(気) = H_2O(液) + 44kJ$$

  例）反応経路②

  $$H_2(気) + \frac{1}{2} O_2(気) = H_2O(液) + 286kJ$$

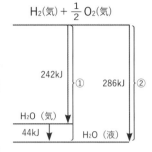

---

3. 溶液の濃度 ◀重要

- 溶液中に含まれる溶質の質量を百分率で表した濃度を**質量パーセント濃度**という。

  $$\text{質量パーセント濃度〔\%〕} = \frac{\text{溶質の質量〔g〕}}{\text{溶液の質量〔g〕}} \times 100$$

- 溶液1L中に溶けている溶質の物質量で表した濃度を**モル濃度**という。

  $$\text{モル濃度〔mol/L〕} = \frac{\text{溶質の物質量〔mol〕}}{\text{溶液の体積〔L〕}}$$

チェック問題	（　）に当てはまる数字や言葉を答えよう。

Q1	化学反応に関係した物質の総和は、反応前後で変化しない法則を（　　　）という。	**A1**	質量保存の法則
Q2	化合物の成分元素の質量比は一定であるとする法則を（　　　）という。	**A2**	定比例の法則
Q3	質量パーセント濃度10%の食塩水200gに溶けている食塩の質量は（　　　）gである。	**A3**	20
Q4	溶液1L中に溶けている溶質の物質量で表した濃度を（　　　）という。	**A4**	モル濃度

03 状態変化

● 物質の状態や物質量について確認しよう。

● 高校の化学の教科書を用いて基礎のレベルを学習しよう。

● 公式の意味をよく理解しよう。

POINT!

---

1. 物質の状態 重要

● **物質の三態**…固体・液体・気体。

● **気体の状態方程式**…$PV = nRT$

● n〔mol〕の気体について、体積 V
〔L〕、絶対温度 T〔K〕、圧力 P〔Pa〕、
R（気体定数）とする。

● 分子の大きさを無視でき、分子間
力がはたらかないと想定した気体を**理想気体**という。気体の状態
方程式を満たす。

● **ボイルの法則**…$PV =$ **一定**→温度が一定のとき、一定量の気体の
占める体積 V〔L〕は、気体に加わる圧力 P〔Pa〕に**反比例**する。

● **シャルルの法則**…$\dfrac{V}{T} =$ **一定**→圧力が一定の下で、一定量の気体
の占める体積 V〔L〕は絶対温度 T〔K〕に**比例**する。

● **ボイル・シャルルの法則**…$\dfrac{P_1 V_1}{T_1} = \dfrac{P_2 V_2}{T_2}$ → 一定量の気体の占め
る体積 V〔L〕は、圧力 P〔Pa〕に反比例し、絶対温度 T〔K〕に比例する。

● 直径 1 〜 100nm の粒子が均一に分散している状態を**コロイド**と
いう。**コロイド**粒子の不規則な運動を**ブラウン運動**という。**コロ
イド**溶液に光を当てると、光路が明るく見える**チンダル現象**が起
こる。

2. 物質量

- **原子量**…天然に存在する単体や化合物を構成する元素の同位体の相対質量にそれぞれの存在比をかけたもの。

  例）自然界には ^{12}C が 98.93％、^{13}C が 1.07％存在する。

  炭素の原子量（C）$= 12.00 \times \dfrac{98.93}{100} + 13.00 \times \dfrac{1.07}{100} = 12.0107$

- **分子量**…1つの分子を構成している原子量の総和（イオンからなる化合物は分子量の代わりに**式量**を用いる）。

  例）水素、酸素の原子量を 1、16 としたとき、

  水（H_2O）の分子量 $= 1 \times 2 + 16 \times 1 = 18$

- **物質量**…原子、分子、イオンなどの粒子を 6.02×10^{23}（**アボガドロ数**）個集めたとき、その数を **1 mol** という。

- 各物質の 1 mol の質量は、その物質の原子量、分子量、式量に g（グラム）をつけたものと一致する。

  分子量 M の物質が w〔g〕あったとき、その物質量 $n = \dfrac{w}{M}$〔mol〕

- 各物質の 1 mol の質量は、その種類に関係なく、標準状態（0℃、1 atm）で **22.4**〔L〕を占める。

| **チェック問題** | （　）に当てはまる数字や言葉を答えよう。 |

Q1	固体が液体にならずに気体になることを（　　　）という。	**A1** 昇華
Q2	分子の大きさを無視でき、分子間力がはたらかないと想定した気体を（　　　）という。	**A2** 理想気体
Q3	圧力が一定の下、一定量の気体の占める体積 V は絶対温度 T に比例することを（　　　）という。	**A3** シャルルの法則
Q4	単体や化合物を構成する元素の同位体の相対質量にそれぞれの存在比をかけたものを（　　　）という。	**A4** 原子量
Q5	標準状態（0℃、1 atm）における気体 1 mol の体積は（　　　）L である。	**A5** 22.4

04 酸・アルカリ・イオン

● 酸と塩基の定義や提唱者を押さえよう。
● 中和反応の適切な指示薬を確認しよう。
● 酸と塩基の中和反応の量的関係もチェックしよう。

POINT!

□ 酸と塩基 ◀ 重要

● 酸と塩基の定義

酸	塩基	提唱者
水に溶け H^+ を生じる物質	水に溶け OH^- を生じる物質	アレニウス
水に溶け H^+ を与える物質	水に溶け H^+ を受け取る物質	ブレンステッドとローリー
電子対を受け入れる物質	電子対を与える物質	ルイス

- **pH**…水素イオン濃度を 10^{-n}〔mol/L〕としたときの n の値。
  pH = 7 が中性で、pH < 7 が酸性、pH > 7 がアルカリ性。
- 酸から生じる H^+ と塩基から生じる OH^- が反応し、互いにその性質を打ち消し合うことを<u>中和</u>という。酸からの陰イオンと塩基からの陽イオンにより生じる化合物を<u>塩</u>という。
- 濃度不明の酸または塩基の水溶液の濃度を、濃度がわかっている塩基または酸の水溶液との<u>中和</u>によって求める操作を<u>中和滴定</u>という。

指示薬	変色域	pH を上げていくときの色の変化
メチルオレンジ	酸性	赤→橙→黄
BTB	中性	黄→緑→青
フェノールフタレイン	塩基性	無色→赤

☐ 価数・電離度

- 1分子の酸・塩基が出すことのできる水素イオン（H⁺）、水酸化物イオン（OH⁻）の数のことを<u>価数</u>という。
- 電解質が水溶液中で電離する割合を<u>電離度</u>という。電離度が大きい物質を<u>強酸</u>、<u>強塩基</u>という。

価数	酸の名称〈化学式〉	塩基の名称〈化学式〉
1価	塩酸〈HCl〉	水酸化ナトリウム〈NaOH〉
	硝酸〈HNO₃〉	水酸化カリウム〈KOH〉
	酢酸〈CH₃COOH〉	アンモニア〈NH₃〉
2価	硫酸〈H₂SO₄〉	水酸化カルシウム〈Ca(OH)₂〉
	シュウ酸〈H₂C₂O₄〉	水酸化バリウム〈Ba(OH)₂〉

- 中和反応の量的関係は、酸と塩基が過不足なく<u>中和</u>するとき、以下の関係が成り立つ。

（酸の価数）×（酸の mol 濃度）×（酸の体積）
= （塩基の価数）×（塩基の mol 濃度）×（塩基の体積）

チェック問題　（　）に当てはまる言葉を答えよう。

Q1 アレニウスは、水に溶け、H⁺を（　）物質を酸と定義した。　A1 生じる

Q2 pH とは（　）濃度のことである。　A2 水素イオン

Q3 酸からの陰イオンと塩基からの陽イオンにより生じる化合物を（　）という。　A3 塩

Q4 BTB が黄色を示すときは（　）性である。　A4 酸

Q5 1分子の酸・塩基が出すことのできる水素イオン（H⁺）、水酸化物イオン（OH⁻）の数のことを（　）という。　A5 価数

05 物質の構造

POINT!

● 物質の構成や分類について、定義を押さえよう。
● 化学結合の種類と特徴、具体例について
取りこぼしがないように覚えよう。

1. 物質の構成 ◀重要

- 物質を構成する最も基本的な粒子を<u>原子</u>という。原子は<u>原子核</u>と<u>電子</u>からなる。
- <u>原子核</u>は原子の中心にあり、正電荷をもつ<u>陽子</u>と電荷をもたない<u>中性子</u>からなる。陽子と中性子の質量はほぼ等しい。<u>原子核の陽子</u>の数が<u>原子番号</u>になる。
- <u>電子</u>は原子核の周りにあり、<u>負</u>の電荷をもつ。電子の質量は陽子に比べて小さい。
- 陽子と中性子の数の和を<u>質量数</u>という。同一元素内でも中性子の数が異なり、質量数が異なるものがある。このような原子同士を<u>同位体</u>という。

2. 物質の分類 ◀重要

- 1種類の物質からなるものを<u>純物質</u>という。
- 2種類以上の元素に分解できない物質を<u>単体</u>という。
- 2種類以上の元素に分解できる物質を<u>化合物</u>という。
- 2種類以上の純物質が混合しているものを<u>混合物</u>という。
- 混合物の分離操作には<u>蒸留</u>、<u>抽出</u>、<u>再結晶</u>、<u>昇華法</u>などがある。

3. 物質の形成

結合の種類	結合の様子	例
イオン結合	陽イオンと陰イオンが静電気力（クーロン力）によって引き合ってできる結合。結晶は一般に硬く、融点・沸点が高い。	NaCl MgCl₂
共有結合	原子同士が互いに電子を出し合って共有することにより、安定した電子配置になる結合。多数の原子が共有結合によってつながった共有結合結晶は、ダイヤモンドなど硬くて融点が高いものが多い。	C
金属結合	自由電子による金属原子の結合。原子が規則正しく配列し、その間を電子が自由に動き回っている。特有の光沢をもち、自由電子の移動により電気や熱をよく導く。外力を加えて線状に伸ばしたり（延性）、薄く広げたり（展性）できる。	Au Cu Al

物質の結合の種類と結合例は一緒に覚えておこう。

チェック問題　　（　）に当てはまる言葉を答えよう。

Q1 原子は（　　　）と（　　　）からなる。　　A1 原子核／電子

Q2 原子番号とは原子核の（　　　）の数である。　　A2 陽子

Q3 2種類以上の純物質が混ざってできている物質を（　　　）という。　　A3 混合物

Q4 塩化ナトリウム（NaCl）は（　　　）結合している。　　A4 イオン

Q5 金属結合は（　　　）による結合をさす。　　A5 自由電子

01 遺伝と生殖

●遺伝の範囲は、特に重点的に問題対策をしよう。
●遺伝の規則性を確認しよう。
●生殖や発生のしくみを押さえよう。

POINT!

□ 遺伝 ◀重要▶

- エンドウの種子の丸型としわ型のように、互いに対をなす形質を<u>対立形質</u>といい、それを伝える遺伝子を<u>対立遺伝子</u>という。
- 丸型やしわ型のような、表面に現れる形質を<u>表現型</u>という。
- AA、Aa、aa のような遺伝子の構成を<u>遺伝子型</u>という。
- <u>顕性（優性）の法則</u>…対立形質をもつ P から生まれた F_1 には、顕性（優性）形質だけが現れ潜性（劣性）形質が現れないこと。
- <u>分離の法則</u>…親の対立遺伝子が、配偶子を形成するときに分離して別々の配偶子に入ること。
- <u>独立の法則</u>…2 対の対立形質の遺伝では、各形質はそれぞれ独立して遺伝する。
- <u>遺伝子型</u>が AA か Aa かを推定するために親に aa をかけ合わせて子の表現型の分離比を調べる交配を<u>検定交雑</u>という。

エンドウの遺伝の規則性

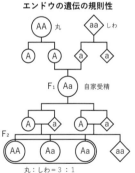

丸：しわ＝3：1

□ 生殖 ◀重要▶

- 自分と同じ種類の個体をふやしていくことを<u>生殖</u>という。

- <u>無性生殖</u>は、1つの個体の一部から新しい個体ができ、新しい個体の遺伝子は親と同じなので、<u>親と同じ形質</u>が現れる。

	ふえ方	例
<u>分裂</u>	細胞分裂によって、体が分かれるふえ方。	アメーバ／ゾウリムシ
<u>出芽</u>	母体となる体の一部の芽が大きくなるふえ方。	酵母菌
胞子生殖	体に胞子ができ、胞子が発芽して新しい個体になるふえ方。	シダ植物／コケ植物／藻類／菌類
栄養生殖	植物の根・茎・葉などの一部から新しい個体ができるふえ方。	ジャガイモ／サツマイモ／植物の挿木

- <u>有性生殖</u>は2種類の<u>配偶子</u>が接合し、新しい個体ができる生殖方法である。新しい個体は<u>親とは違う形質</u>が現れる。

- <u>植物の有性生殖</u>…受粉後、<u>花粉管</u>が胚珠に向かって伸びる。被子植物では2個の<u>精細胞</u>が胚のうに入る<u>重複受精</u>が行われる。

- <u>動物の有性生殖</u>…運動性がなく、栄養分などを蓄積している卵と、べん毛をもち、運動性がある精子が接合し、受精して受精卵となる。受精卵が卵割をして胚になる過程を<u>発生</u>という。

チェック問題　（　）に当てはまる言葉を答えよう。

Q1 エンドウの種子の丸型としわ型のように、互いに対をなす形質を（　　）という。
A1 対立形質

Q2 配偶子を形成する際、対立遺伝子が別々の配偶子に入ることを（　　）という。
A2 分離の法則

Q3 生殖には、（　　）生殖と（　　）生殖がある。
A3 無性／有性

Q4 無性生殖の新しい個体は親と（　　）形質を現す。
A4 同じ

Q5 被子植物では、（　　）受精が行われる。
A5 重複

02 細胞

POINT!

● 植物と動物における細胞の構造の違いをよく知ろう。
● 細胞分裂の順序を問う問題を解けるようにしておこう。
● 細胞のつくりや細胞分裂は図でよく理解しよう。

☐ 細胞 ◀重要

• 生物の体の最小単位は細胞で、細胞小器官がある。

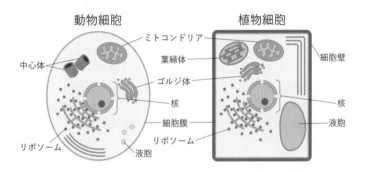

細胞小器官	主な機能
核	遺伝情報をもつ DNA がある。
細胞膜	選択的透過性により、細胞内外の物質の出入りを調節する。
ミトコンドリア	ATP をつくり出す呼吸の場。
リボソーム	タンパク質合成の場。
葉緑体	光合成の場。
液胞	消化や貯蔵に関係する糖や無機塩類を含む。
細胞壁	体を支え、細胞を保護、維持する。

□ 細胞分裂 ◀ 重要

• 生物の成長は、分裂して増えた細胞が元と同じ大きさになることで起こる。体を構成する細胞の分裂を<u>体細胞分裂</u>という。

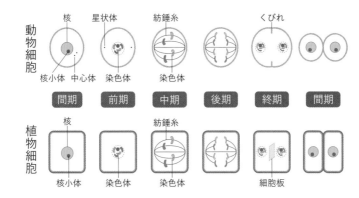

• 生殖細胞がつくられるときの分裂を<u>減数分裂</u>といい、つくられた生殖細胞の核1個あたりの染色体の数はその元となる原生殖細胞と比べて<u>半減</u>する。

チェック問題　( )に当てはまる言葉を答えよう。

Q1 遺伝情報をもつ DNA は細胞の ( ) に含まれている。	**A1** 核
Q2 細胞内の呼吸は ( ) で行われている。	**A2** ミトコンドリア
Q3 体の細胞の数を増やす細胞分裂を ( ) という。	**A3** 体細胞分裂
Q4 体細胞分裂では、核の中から ( ) が現れる。	**A4** 染色体
Q5 減数分裂では、元になる細胞と比べて染色体の数が ( ) する。	**A5** 半減

03 植物の体のつくりと働き

● 植物の器官や組織の名称と機能を覚えよう。
● 光合成の働きを確認しよう。
● 植物の窒素同化についても理解しておこう。

POINT!

1. 植物の組織・器官 ◀重要

- 植物の体は、根・茎・葉などの<u>栄養器官</u>と、花のような<u>生殖器官</u>がある。

- 植物で細胞分裂を盛んに行う組織を<u>分裂組織</u>といい、植物が成長するとき、伸長する成長と肥大する成長を行う。伸長する成長は<u>根端分裂組織</u>や<u>茎頂分裂組織</u>で行い、肥大する成長は維管束の木部と師部の間にある<u>形成層</u>で行う。

- 植物の体の表面を覆い、保護する組織を<u>表皮系</u>という。

- 植物の体の物質の通路となる組織を<u>維管束系</u>という。<u>師管</u>でブドウ糖などの同化産物を、<u>道管</u>で水や無機塩類を輸送する。

- 植物の体の表皮系、維管束系以外の組織で、植物の体の基本構造をつくっている葉の<u>さく状組織</u>や<u>海綿状組織</u>がある。

双子葉類の茎の断面 　　　　単子葉類の茎の断面

維管束 師部
　　　 木部

表皮系

形成層

維管束系

基本組織系

師部
　　 維管束
木部

中心部をとりまいて
輪のように並んでいる。

不規則に散在している。

2. 植物の働き ◀ 重要

- 植物は葉緑体で<u>光合成</u>を行い、無機物から有機物を合成する。
  <u>二酸化炭素</u>+<u>水</u>+<u>エネルギー</u>→<u>有機物</u>+<u>水</u>+<u>酸素</u>
- 光合成速度を決める<u>限定要因</u>には<u>光の強さ</u>、<u>二酸化炭素の濃度</u>、<u>温度</u>がある。

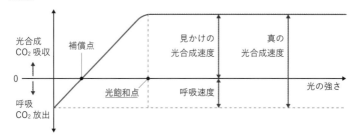

- 植物は呼吸をしながら光合成をしている。
  <u>見かけの光合成速度</u>=<u>真の光合成速度</u>−<u>呼吸速度</u>
- 体外から取り入れた簡単な物質を、体を構成する複雑な物質に合成する過程を<u>同化</u>といい、呼吸を<u>異化</u>という。体内でアミノ酸やタンパク質などを合成する働きを<u>窒素同化</u>という。

チェック問題 〔　〕に当てはまる言葉を答えよう。

Q1 植物の根・茎・葉などのつくりを
（　　　）という。
A1 栄養器官

Q2 植物が伸長する成長は
（　　　）と（　　　）で行う。
A2 根端分裂組織／茎頂分裂組織

Q3 維管束には、（　　　）と
（　　　）の2種類の管がある。
A3 師管／道管

Q4 光合成速度を決める限定要因には、
温度、光の強さ、（　　　）がある。
A4 二酸化炭素の濃度

Q5 体内でアミノ酸やタンパク質などを
合成する働きを（　　　）という。
A5 窒素同化

頻出度

B 04 動物の体のつくりと働き

●血液の循環について確認しよう。
●ヒトの肝臓と腎臓の働きを理解しよう。
●反応の経路を問う問題を解けるようにしておこう。

POINT!

---

1. 動物の体 ◀重要

- 哺乳類の心臓は<u>２心房２心室</u>で、血液の<u>循環</u>を行う。

- 血液は 90 ％が水分で、<u>赤血球</u>（<u>ヘモグロビン</u>が酸素を運搬する）、<u>白血球</u>（生体防御にかかわる）、<u>血小板</u>（血液の凝固）などが含まれる。

- 肝臓の働き

  ①<u>アンモニア</u>をオルニチン回路で<u>無害な尿素</u>に変える。

  ②血液を<u>貯蔵</u>する。

  ③<u>解毒</u>作用がある。

  ④<u>血液成分を生成</u>する。

  ⑤胆汁を生成する。

  ⑥物質の代謝と体温の保持を行う。

- 腎臓は<u>皮質</u>、<u>髄質</u>、<u>腎う</u>の３つからなり、尿を生成する<u>ネフロン</u>（腎単位）がある。<u>ネフロン</u>は<u>腎小体</u>（マルピーギ小体）と<u>細尿管</u>（腎細管）から構成されている。

- 意識とは無関係に内臓の働きを調節している神経を<u>自律神経</u>という。<u>自律神経</u>には<u>交感神経</u>と<u>副交感神経</u>がある。

- 体内の血糖量が増えると<u>副交感神経</u>が働いて、すい臓の<u>ランゲルハンス島</u>から<u>インスリン</u>が分泌される。血糖量が減少すると<u>交感神経</u>が働いて、腎臓の<u>副腎髄質</u>から<u>アドレナリン</u>が、すい臓の<u>ランゲルハンス島</u>から<u>グルカゴン</u>が分泌される。

2. 刺激の受容 ◂ 重要

- 動物は、感覚器（目・耳・鼻・舌・皮膚）で刺激を受容している。

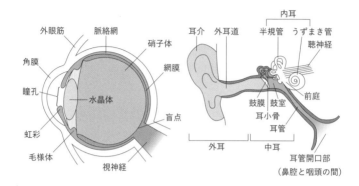

- 一定の刺激に対して起こす無意識の反応を<u>反射</u>という。<u>脊髄</u>は背骨の中を通っていて、<u>脊髄反射の中枢</u>となる（**刺激**→感覚器→感覚神経→<u>脊髄</u>→運動神経→筋肉→**反応**）。
- 随意運動は大脳が中枢となる反応である（**刺激**→感覚器→感覚神経→<u>脊髄</u>→<u>大脳</u>→<u>脊髄</u>→運動神経→筋肉→**反応**）。

チェック問題　　（　）に当てはまる言葉を答えよう。

Q1 心臓では血液の（　　　）が行われる。　　**A1** 循環

Q2 血液の成分の90%は（　　　）である。　　**A2** 水分

Q3 肝臓は有害なアンモニアを無害な（　　　）に変える働きがある。　　**A3** 尿素

Q4 意識とは無関係に内臓の働きを調整している神経を（　　　）という。　　**A4** 自律神経

Q5 無意識に起こる反応を（　　　）という。　　**A5** 反射

05 著名な生物学者

● ノーベル賞を受賞した日本人研究者と、
その功績をチェックしておこう。
● 生物の研究の歴史について確認しよう。

POINT!

□ 日本の生物研究と主なノーベル賞受賞者 ◀ 重要

利根川 進	Ｖ（Ｄ）Ｊ遺伝子再構成による抗体生成の遺伝的原理の解明により、1987 年、ノーベル生理学・医学賞を受賞。
田中耕一	タンパク質を破壊せずにイオン化する「ソフトレーザー脱離イオン化法」の開発により、2002 年にノーベル化学賞を受賞。
下村 脩	オワンクラゲの緑色蛍光タンパク質の発見は、その後、生命科学、医学研究用の重要なツールに発展して、2008 年のノーベル化学賞受賞。
山中伸弥	「成熟細胞が初期化され多能性をもつことの発見」をし、さまざまな細胞に成長できる能力をもつ iPS 細胞の作製で、2012 年のノーベル生理学・医学賞を受賞。
大村 智	新種の放線菌の発見と、抗生物質エバーメクチン・イベルメクチンの発見による感染症への治療法に関する研究の業績により、2015 年にノーベル生理学・医学賞を受賞。
大隅良典	「飢餓状態に陥った細胞が自らのタンパク質を食べて栄養源にする自食作用『オートファジー』の仕組みの解明」により、2016 年のノーベル生理学・医学賞を受賞。
本庶 佑	免疫チェックポイント阻害因子の発見とがん治療への応用により、2018 年にノーベル生理学・医学賞を受賞。

□ 世界の生物の研究の歴史 ◀重要

ダーウィン	イギリスの博物学者。進化論を唱え、『種の起源』を執筆した。
ファーブル	フランスの昆虫学者。『昆虫記』を執筆した。
メンデル	オーストリア（現在はチェコ）の修道院の司祭。エンドウマメの交配実験を行って遺伝の法則（メンデルの法則）を発見した。
シートン	イギリス出身の作家で、数多くの動物の物語を執筆した。これらの著作は日本では『シートン動物記』として知られている。
ファンヘルモント	ガスという言葉をつくったベルギーの化学者・植物生理学者。鉢植えのヤナギを5年間、水だけで育てた「ヤナギの実験」が有名。
パスツール	ワクチンの予防接種という概念を考え出したフランスの生化学者、細菌学者。
ワトソン／クリック	イギリスの科学者。DNAの二重らせん構造を提唱。1962年にノーベル生理学・医学賞を受賞した。

生物

頻出度
C

05 著名な生物学者

チェック問題　（　）に当てはまる言葉を答えよう。

Q1 1987年、（　）は抗体生成の遺伝的原理の解明により、ノーベル生理学・医学賞を受賞した。
A1 利根川進

Q2 2008年、下村脩はオワンクラゲの（　）の発見によりノーベル化学賞を受賞した。
A2 緑色蛍光タンパク質

Q3 （　）は抗生物質イベルメクチンを発見し、2015年にノーベル生理学・医学賞を受賞した。
A3 大村智

Q4 ダーウィンは（　）論を唱えた。
A4 進化

Q5 （　）はエンドウマメを使って遺伝の法則を発見した。
A5 メンデル

第2章 ● 自然科学　155

01 太陽系の惑星と天体

1. 太陽系の天体

- 太陽系の惑星は8個。<u>地球型惑星</u>（直径<u>小</u>／密度<u>大</u>）と<u>木星型惑星</u>（直径<u>大</u>／密度<u>小</u>）に分類。
- 地球型惑星には水星（クレーター）、金星（<u>二酸化炭素</u>の厚い大気）、火星（季節の変化）、木星型惑星には木星（大赤斑／衛星が <u>60</u> 個以上）、土星（環と衛星）、天王星（横倒しの状態で自転）などがある。

2. 地球からの惑星の見え方

- 内惑星（水星・金星）は夜中に見ることはできない。地球から見る内惑星は常に太陽の近くにある。金星は見かけの大きさが変わり、大きく満ち欠けをする。

- 外惑星（火星・木星など）は満ち欠けをほとんどしない。外惑星が太陽の反対方向にあるときを<u>衝</u>といい、一晩中見ることができる。太陽と同じ方向にあるときを<u>合</u>といい、このときは外惑星は見えない。

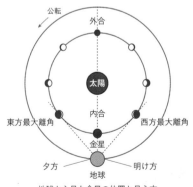

地球から見た金星の位置と見え方

3. 太陽の様子

- 太陽の半径は地球の <u>109</u> 倍
ある。表面を光球といい、
光球のところどころに<u>黒点</u>
がある。<u>黒点</u>が移動してい
ることから、太陽が自転し
ていることがわかる。

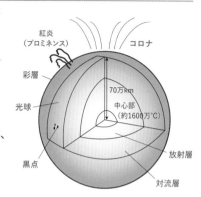

- 太陽の表面温度は約 <u>6000</u>℃、
黒点の温度は約 <u>4000</u>℃。黒
点は約 <u>11</u> 年の周期で増減を
繰り返す。

- 太陽の大気の成分は水素とヘリウムで、<u>核融合反応</u>により自ら光を発する<u>恒星</u>である。

- 光球の外側には彩層（光球をとりまく大気）や<u>紅炎</u>（プロミネンス）（彩層のところどころから吹き上げている炎）、コロナ（彩層の外側の希薄な大気層）が見られる。

チェック問題	（　）に当てはまる言葉を答えよう。

Q1	太陽系の惑星は火星などの（　　）惑星と土星などの（　　）惑星に分類される。	A1 地球型／木星型
Q2	金星は（　　）を大気としているため、温室効果が起こる。	A2 二酸化炭素
Q3	太陽の彩層のところどころから吹き上げている炎を（　　）という。	A3 紅炎（プロミネンス）
Q4	太陽－地球－外惑星と並んだときを（　　）という。	A4 衝
Q5	太陽が自転していることは（　　）が動いていることからわかる。	A5 黒点

02 岩石と化石

● 成因による火成岩、堆積岩、変成岩の分類を整理して
　しっかり覚えよう。
● 特に火成岩は重点的に学習しよう。

☐ 火成岩とそのつくり

* マグマが冷えて固まってできた岩石を**火成岩**という。何種類かの**鉱物**でできている。

岩石や鉱物の分類

二酸化ケイ素量 （質量%）	約45%		約52%	約66%
火山岩		玄武岩	安山岩	流紋岩
深成岩	かんらん岩	斑れい岩	閃緑岩	花こう岩

主な造岩鉱物の量（体積%）
100 / 50 / 0

石英
斜長石
正長石
緑　石
かんらん石
角閃石
黒雲母

色　黒 ←―――――――――→ 白

* マグマが**地表付近**で**急激に冷やされて**できた**火山岩**は**石基**と**斑晶**からなる**斑状組織**を示す。

* マグマが地下の**深い所**で**ゆっくり冷え**固まった**深成岩**は、**等粒状組織**を示す。

☐ 堆積岩

* 風化した岩石、化学物質、生物の死骸などが堆積し、圧力によって粒と粒の間に水が押し出され、二酸化ケイ素などが粒同士をくっつける**続成作用**を受けた岩石を**堆積岩**という。

* 堆積岩は、**砕屑岩**（礫岩・砂岩・泥岩）、**火山砕屑岩**（凝灰岩・凝灰角礫岩）、**生物岩**（石灰岩・チャート）、**化学岩**（岩塩・石灰岩・チャート・石膏）に分類できる。砕屑岩は粒が丸い。

□ 変成岩

- 火成岩や堆積岩が地下で熱や圧力を受けて<u>変成</u>した岩石を変成岩という。
- <u>**結晶片岩**</u>・<u>**片麻岩**</u>（圧力と熱による変成）、<u>**大理石**</u>・<u>**ホルンフェルス**</u>（熱による変成）などがある。

1. 化石の種類

- <u>**示準化石**</u>（地層が堆積した<u>時代</u>を知る手がかり）と<u>**示相化石**</u>（地層が堆積した当時の<u>自然環境</u>を知る手がかり）がある。

時期	示準化石
古生代	三葉虫(前期)／フズリナ(後期)
中生代	アンモナイト／恐竜
新生代	ビカリア（第三紀）／ナウマンゾウ（第四紀）

示相化石	環境
サンゴ	きれいで暖かく浅い海
ホタテ	冷たく浅い海
シジミ	河口や湖

チェック問題　　（　）に当てはまる言葉を答えよう。

Q1 火山岩の組織を（　　　）という。
A1 斑状組織

Q2 花こう岩はマグマが地下の深い所で冷えて固まった（　　　）である。
A2 深成岩

Q3 堆積岩は（　　　）を受けてできる。
A3 続成作用

Q4 大理石は熱により石灰石が変成した（　　　）である。
A4 変成岩

Q5 地層が堆積した当時の自然環境を知る手がかりとなる化石を（　　　）という。
A5 示相化石

03 地球の動きと構造

● 地球の動きと天体の動きを関連づけて覚えよう。

● 南中高度の計算などの問題も理解しておこう。

● 地球の内部構造に関する名称を押さえよう。

POINT!

☐ 地球の<u>自転・公転</u>

- 地球は地軸を軸として、<u>西から東の向き</u>に<u>自転</u>している。

- 地球の自転によって、天体の<u>日周運動</u>が見られ、昼夜が繰り返される。<u>フーコーの振り子</u>が地球の自転を証明した。

- 地球は太陽の周りを<u>公転</u>している。地球は地軸を公転面に垂直に立てた直線に対して<u>23.4°</u>傾きながら自転している。この傾きで地球が<u>公転</u>していることにより日本には四季が生じる。

- <u>年周視差</u>（恒星の１年の動き）、<u>年周光行差</u>（恒星の光が実際の方向よりも前方から来るように見えること）が公転を示す。

1. 地球から見た天体の動き

- ２世紀に<u>プトレマイオス</u>が主張した<u>天動説</u>と 16 世紀に<u>コペルニクス</u>が主張した<u>地動説</u>がある。

- 地球の<u>自転</u>により、星は１時間に<u>15°</u>、<u>東</u>から<u>西</u>へ移動し、１日で１周する。

- 地球の<u>公転</u>により、四季を通じて太陽の<u>南中高度</u>が変わる。

- **夏至の日の南中高度 = <u>90°－緯度＋ 23.4°</u>**

- **冬至の日の南中高度 = <u>90°－緯度－ 23.4°</u>**

- **春分の日・秋分の日の南中高度 = <u>90°－緯度</u>**

夏至の日の南中高度

地軸
地平面
23.4°
赤道
太陽の光
南中高度
78.4°
日本の緯度 35°

2. 地球の構造

- 半径約 6400km で、その内部構造は<u>地殻</u>、**<u>マントル</u>**、**<u>外核</u>**、**<u>内核</u>**に分かれる。

- 地球の構成物質は、大陸地殻は<u>花こう岩</u>、海洋地殻は**<u>玄武岩</u>**、マントルは**<u>かんらん岩</u>**、核は**<u>鉄</u>**や**<u>ニッケル</u>**である。

- 地殻とマントルの境目を**<u>モホロビチッチ不連続面</u>**、マントルと外核の境目を**<u>グーテンベルク不連続面</u>**、外核と内核の境目を**<u>レーマン不連続面</u>**という。

- 水の上に浮かぶ氷のように、地殻とマントルも平衡状態を保っているという考え方を**<u>アイソスタシー</u>**という。

> ### □ 地球の構造<u>プレートテクトニクス</u>

- 地球の表層部（**<u>リソスフェア</u>**）がいくつかの硬い岩盤に分かれ、水平に移動するという考えを**<u>プレートテクトニクス</u>**という。

- プレートが形成されるところを<u>海嶺</u>といい、プレートが沈み込むところを<u>海溝</u>という。

チェック問題	（　）に当てはまる言葉を答えよう。

Q1 太陽や恒星などの天体が1日をかけて動くのは、地球が（　　）しているからである。　　**A1** 自転

Q2 地球の自転は（　　）によって証明された。　　**A2** フーコーの振り子

Q3 北緯 35° の地点の夏至の日の南中高度は（　　）° である。　　**A3** 78.4

Q4 地殻とマントルの境目を（　　）という。　　**A4** モホロビチッチ不連続面

Q5 地球の表層部を（　　）という。　　**A5** リソスフェア

04 大気の変化

☐ 前線

• 暖かい空気と冷たい空気の境界面を<u>前線面</u>といい、前線面と地表が交わったところを<u>前線</u>という。

名称	特徴
<u>寒冷前線</u>	冷たい空気が暖かい空気の**下に潜り込む**ことでできる上昇気流により、**積乱雲**ができる。短時間に**狭い**範囲で**激しい雨**が降る。
<u>温暖前線</u>	暖かい空気が冷たい空気の上に**はい上がり**、冷たい空気を押し出す。**乱層雲**ができ、**広い**範囲で**穏やかな雨**が降る。
<u>停滞前線</u>	暖かい空気と冷たい空気の気団の勢力が**ほぼ同じ**ときにできる。
<u>閉塞前線</u>	寒冷前線が温暖前線に追いついたときにできる。

寒冷前線と温暖前線の断面図

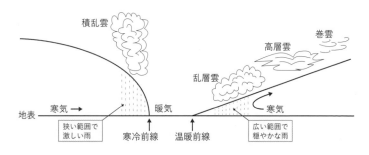

1. 日本の天気

季節	天気の変化の特徴
春	移動性高気圧と温帯低気圧が交互にやってくるので、天気が周期的に変化する。
梅雨	北の寒冷な**オホーツク海高気圧**と、南の温暖な**太平洋高気圧**の勢力が均衡して梅雨前線ができる。
夏	**太平洋高気圧**が日本を覆い、南高北低型の気圧配置になる。高温多湿になる。
秋	初秋に梅雨に似た秋雨前線ができる。移動性高気圧と温帯低気圧が交互にやってくるので、天気が周期的に変化する。
冬	**シベリア高気圧**が発達し、西高東低型の気圧配置になる。冷たい北西の季節風が吹き、日本海側は雪、太平洋側は晴天になり乾燥する。

- 熱帯低気圧が発達し風速 <u>17.2</u> 〔m/s〕以上のものを**台風**という。
- 空気塊が山を越えるときに降雨があると、山の反対側では気温が上昇する。この現象を**フェーン現象**という。
- 南米沖の海水温が平年より高くなる状態が続く**エルニーニョ現象**が起こると、気圧の分布に変化が起き、日本では冷夏・暖冬になることが多い。

チェック問題　（　）に当てはまる言葉を答えよう。

Q1 寒冷前線が通過するときは（　　）範囲で（　　）雨が降るという特徴がある。
A1 狭い／激しい

Q2 日本の冬は（　　）型の気圧配置になる。
A2 西高東低

Q3 広い範囲で穏やかな雨を降らせる前線を（　　）という。
A3 温暖前線

Q4 梅雨前線ができるときに均衡する2つの気圧はオホーツク海高気圧と（　　）である。
A4 太平洋高気圧

Q5 日本で冷夏・暖冬になるときには（　　）が起きていることが多い。
A5 エルニーニョ現象

地 学

頻出度

C

05 火山と地震

● 火山の形とその特徴を覚えよう。
● 中学校レベルの基本的な内容を確認しよう。
● 地震は、地震波の速度から計算する問題も押さえよう。

POINT!

☐ 火山

- マグマに含まれる<u>二酸化ケイ素</u>の割合によって<u>粘性</u>が違い、火山の形や噴火の様子も異なる。

岩質	流紋岩質	安山岩質	玄武岩質
形			
マグマの粘性	大 ←――――――――――――――→ 小		
噴火の様子	激しい ←――――――――――→ おだやか		
マグマの色	白 ←――――――――――――――→ 黒		
例	雲仙普賢岳／有珠山／昭和新山	富士山	キラウエア／マウナロア（ハワイ）

- 高温のガス（主成分は<u>水蒸気</u>）や火山灰、火山弾が高速で降りてくる現象を<u>火砕流</u>という。
- 大爆発によって大量の火山噴出物を出したあと、山頂が陥没すると<u>カルデラ</u>ができる。カルデラは、<u>阿蘇山</u>や箱根山などに見られる。

□ 地震

地震波	揺れの特徴	地球内部で伝搬する媒体	速度	地震波の種類
P波	コトコト揺れる 初期微動に関与	固体・液体・気体	5~7km/s	縦波
S波	ユラユラ揺れる 主要動に関与	固体	3~4km/s	横波

- 震源までの距離を d、初期微動継続時間を t、P波の速度を Vp、S波の速度を Vs とすると、$t = \dfrac{d}{Vs} - \dfrac{d}{Vp}$ となる。

- 震度は 0 ～ 7 の 10 階級に分かれている（震度5、震度6は弱と強に分かれる）。

- 地震の規模を表す尺度を**マグニチュード**という。マグニチュードが1大きくなると地震のエネルギーは約 32 倍に、マグニチュードが2大きくなると地震のエネルギーは 1000 倍になる。

- 今後も変動を起こし得る断層を活断層という。

- 津波や液状化現象など、地震の発生によって起こる現象がある。

チェック問題　（　）に当てはまる言葉を答えよう。

Q1 マグマに含まれる（　　　）の含有率の違いにより粘性が異なり、火山の形に違いがある。　**A1** 二酸化ケイ素

Q2 雲仙普賢岳や昭和新山の噴火は（　　　）様子であったと考えられる。　**A2** 激しい

Q3 高温のガスや火山噴出物が高速で山体を駆け下りる現象を（　　　）という。　**A3** 火砕流

Q4 富士山のような円錐形の火山は（　　　）岩質である。　**A4** 安山

Q5 マグニチュードは1大きくなると地震のエネルギーは約（　　　）倍になる。　**A5** 32

01 デジタルとコンピュータ

● データ、情報、メディアの意味と違いを確認しよう。
● デジタル情報の特徴と表示、保存形式を把握しよう。
● コンピュータを構成する装置と、その働きを理解しよう。

☐ 情報とメディア

- データ…事実や現象などを数字や文字、記号で表現したもの。
  例 気温や降水量、テストの点数など。
- 情報…「データ」を目的に応じて整理したもの。
  例 気温のグラフや降水量の表、成績一覧表など。
- メディア…「情報」を表現し、伝播する手段のこと。
  例 テレビや新聞、インターネット、SNS など。

1. デジタル情報の特徴 ◀重要

- **アナログ**…重さや長さなどの数値を連続的な量で表したもの。
- **デジタル**…一定の間隔で区切った数字など、離散的な量で表したもの。
- **デジタル情報の特徴**

  ① すべての情報を 0 と 1 で取り扱うことが可能で、コンピュータ
  で扱える。

  ② 圧縮（小さく）、通信（効率よく）、記録・保存（劣化しにくい）が可能。
  その他、編集、複製（コピー）、検索、暗号化も可。

- **データの単位と保存**

  ① 2 進法…0 と 1 で表示。最小単位はビット。

  ② 1 ビット…2 進法の 1 桁の 0 と 1。

  ③ 1 ビットの情報量…0 と 1 の 2 通りの表現。

④拡張子…ファイルの種類を識別。

画像…「.jpg」「.gif」「.png」など。
映像…「.avi」「.mp4」「.mov」など。
音声…「.wav」「.mp3」など。
テキスト…「.txt」など。
実行…「.exe」など。

●データの単位

単位	読み方	関係
bit	ビット	-
B	バイト	1B=8bit
KB	キロバイト	1KB=1024B
MB	メガバイト	1MB=1024KB
GB	ギガバイト	1GB=1024MB
TB	テラバイト	1TB=1024GB
PB	ペタバイト	1PB=1024TB
EB	エクサバイト	1EB=1024PB

頻出度 A

01 デジタルとコンピュータ

2. コンピュータのしくみ ◀重要

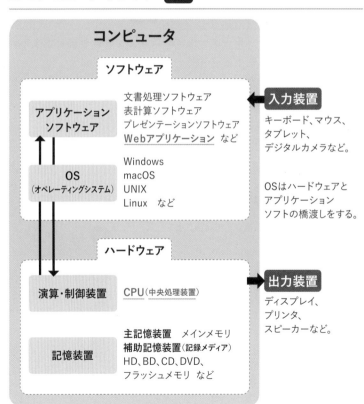

コンピュータ

ソフトウェア

アプリケーションソフトウェア
文書処理ソフトウェア
表計算ソフトウェア
プレゼンテーションソフトウェア
Webアプリケーション など

OS（オペレーティングシステム）
Windows
macOS
UNIX
Linux など

入力装置
キーボード、マウス、タブレット、デジタルカメラなど。

OSはハードウェアとアプリケーションソフトの橋渡しをする。

ハードウェア

演算・制御装置
CPU（中央処理装置）

記憶装置
主記憶装置 メインメモリ
補助記憶装置（記録メディア）
HD、BD、CD、DVD、フラッシュメモリ など

出力装置
ディスプレイ、プリンタ、スピーカーなど。

- <u>入力装置</u>…命令やデータの入力を行う装置。
- <u>出力装置</u>…処理結果の出力を行う装置。
- <u>演算装置</u>・<u>制御装置</u>…パソコン内のマザーボード上の **CPU** が代表格。
- <u>記憶装置</u>…主記憶装置と補助記憶装置がある。
- <u>ハードウェア</u>…コンピュータ機器や周辺機器。
- <u>ソフトウェア</u>…基本ソフトウェア(OS)とアプリケーション(応用)ソフトウェア。

---

3. コンピュータを使った情報通信 ◀重要

- <u>コンピュータネットワーク</u>…複数のコンピュータを通信回線で接続して、情報を処理する通信網。
- **インターネット**…全世界規模の巨大なコンピュータネットワーク。
  ※多くの<u>プロバイダ</u>(ISP)が中継点(拠点)となった通信。
  ① LAN…限られた範囲のコンピュータネットワーク。
  ② WAN…広範囲のコンピュータネットワーク。

チェック問題　〔　〕に当てはまる言葉を答えよう。

Q1	情報を表現し、伝播する手段のことを(　　　)という。	**A1** メディア
Q2	デジタルとは、(　　　)な量で表されるものである。	**A2** 離散的
Q3	1ビットで表現できる情報量は、(　　　)通りである。	**A3** 2
Q4	コンピュータは、ソフトウェアと(　　　)によって構成されている。	**A4** ハードウェア
Q5	(　　　)とは、演算や制御を行う中央処理装置のことをいう。	**A5** CPU

POINT!
- ●コンピュータネットワークの意味を理解しよう。
- ●コンピュータネットワークを構成する機器などを確認しよう。
- ●インターネットのしくみと基本用語を理解しよう。

1. コンピュータネットワークの構成 ◀重要

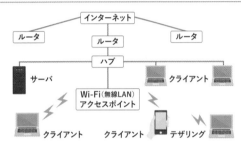

- **ルータ**…異なるネットワーク間を接続・中継する機器。
- **ハブ**…情報機器からネットワークケーブルを束ねる集線装置。
- **サーバ**…サービスを提供する側のコンピュータ。
- **クライアント**…サービスを利用する側のコンピュータ。
- **無線 LAN アクセスポイント**…無線 LAN で端末同士を接続する機器。
- **テザリング**…スマートフォンを中継し、他のパソコンをインターネットに接続し利用すること。

2. インターネットのしくみ ◀重要

- **IP アドレス**…各クライアントにつけられた固有の番号。
  例 IPv4、IPv6

- **プロトコル**…ネットワーク上で通信を行うための取り決め。

プロトコル	使われる場面
HTTP	Webサーバとやりとりするとき。
TCP/IP	インターネットでデータをやりとりするとき。 ※データは**パケット**に分けられる。
SMTP	メールを相手のメールサーバに送るとき。
POPまたは IMAP	メールサーバからメールを読み出すとき。

- **URL**…インターネット上にある情報の場所を示したもの。

  例 https://www.kantei.go.jp/index.html　　例 jyoho@example.jp

  ドメイン名　　ファイル名と拡張子　　ユーザー名　ドメイン名

- **ドメイン名**…インターネット上のコンピュータを識別する名前。
- **WWW**…インターネット上で情報を閲覧できるようにするシステム。
- **Webページ**…インターネット上で公開されている情報。Webサイト。
- **HTML**…Webページを記述するための言語。
- **DNS**…ドメイン名とIPアドレスを置き換えるしくみ。

チェック問題　〔　〕に当てはまる言葉を答えよう。

Q1 （　　　　）は、複数の異なるネットワーク間の接続や中継に用いられる。　**A1** ルータ

Q2 インターネットに接続された機器（クライアント）につけられた固有の番号を（　　　　）という。　**A2** IPアドレス

Q3 ネットワーク上で、コンピュータ同士が通信を行うための取り決めが（　　　）である。　**A3** プロトコル

Q4 インターネットの情報は、（　　　）と呼ばれる小さな単位に分割して送信される。　**A4** パケット

Q5 （　　　）は、インターネット上にある文書や画像などのデータの場所を指し示す記述形式である。　**A5** URL

170

情　報

頻出度

A

03 情報社会の進展と課題

POINT!

● 情報社会における情報システムの発達と現況を確認しよう。
● 進展する情報社会の状況と新出用語を把握しよう。
● 情報社会の課題をセキュリティとモラルの視点で理解しよう。

情報社会における情報システム

● 情報システム…コンピュータやネットワークで情報活用するしくみ。

情報システム	主な内容
POSシステム	商品の管理、売上集計、マーケティングに利用。
電子商取引	ネットワークを利用した売買や決済、近年では FinTech も。企業と消費者（B to C）／企業同士（B to B）／個人同士（C to C）
決済システム	オンラインバンキングや入出金を IC チップに記録する電子マネー（カード型やスマホ型）の普及。
ITS	事故や渋滞の解消を目的とする交通システム。
GPS	GPS 衛星から信号を受信し、位置情報を知るシステム。
緊急地震速報	震度などを予測して、素早く知らせるシステム。
ETC や遠隔医療、電子カルテ、e-ラーニング（ICT 教育）、SOHO など。	

1. 情報社会の進展 ◀重要

● 人工知能（AI：Artificial Intelligence）…人間のような自律性と適応性をもった技術、能力、システム。

〔関連用語〕ニューラルネットワーク／機械学習／ディープラーニング

ビッグデータを高度な計算力で処理→自動翻訳や自動運転へ。

● AR…人が知覚する現実環境をコンピュータで拡張する技術。

● IoT…身の周りのモノがネットワーキングされること。

- <u>ICT</u>…ネットワークやコンピュータで人と人がつながる技術。
- <u>メディアリテラシー</u>…適正に情報を捉え活用する能力。
- <u>Society 5.0</u>…<u>サイバー空間</u>(仮想空間)と<u>フィジカル空間</u>(現実空間)を高度に融合させたシステムにより、経済発展と社会的課題の解決を両立する、人間中心の社会(Society)。

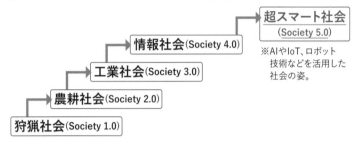

- 巨大 IT 企業…デジタル・プラットフォーマー(基盤を提供する者)の出現。
- <u>GAFA</u>…市場を席巻する Google(検索エンジン)、Apple(デジタルデバイス)、Facebook(SNS)、Amazon(ネットショップ)のこと。
  ほかに、GAFMA…GAFA + Microsoft(ソフトウェアの開発・販売)。
  FANG…Facebook、Amazon、Netflix(動画配信サービス)、Google。
- IT 企業と金融機関の連携、協働…<u>FinTech</u>(革新的な金融サービス提供)。

2. 情報社会の影響と課題(<u>情報セキュリティ</u>と<u>情報モラル</u>)

- 情報社会の影響…<u>サイバー犯罪</u>(コンピュータやネットワークの悪用)、<u>テクノ依存症</u>(情報機器から離れられない)、<u>情報格差</u>が顕在化。
- <u>情報セキュリティ</u>…<u>不正アクセス</u>、マルウェア(ウイルス)、フィッシング詐欺への対応、対策。
- <u>情報モラル</u>への対応…情報の拡散性、信ぴょう性(正確性)、安全性に留意。情報を適切に捉え、判断し、取り扱う能力(メディアリテラシー)が必須。

- **具体的なセキュリティ対策**

  ①個人認証（アカウント、パスワード、ICカード、生体認証[指紋、虹彩など]）、アクセス制御（コンピュータの利用や管理）、アクセス権（利用の権限設定）、SNS（ソーシャルネットワーキングサービス）の利用に注意が必要。

  ②暗号化（SSLなど）、デジタル署名、**ファイアウォール**の導入。

- **知的財産権への配慮**

  ①著作権…知的活動によって生み出された作品の作者がもつ権利。デジタル化された著作物の保護が重要。

  ②産業財産権…特許庁が管轄（特許権／実用新案権／意匠権／商標権）。

- **個人情報の保護**

  基本4情報

  ①個人情報…**個人を識別できる情報**（氏名、住所、性別、生年月日など）。

  ②**個人情報保護法**…個人の権利の保護のもと、取扱業者に適用。

  ③**プライバシー**…他人に知られたくない私生活の情報。

  ④**プライバシーポリシー**…企業などが策定する個人情報保護の方針。

  ⑤**肖像権**…容姿の無断撮影や公表を拒否する権利。

  ⑥**パブリシティ権**…有名人の名前や肖像がもつ経済的な価値の権利。

チェック問題　（　）に当てはまる言葉を答えよう。

Q1 スーパーなどで利用され、販売時点で商品情報などを記録し、活用するシステムを（　　　）という。
A1 POSシステム

Q2 （　　　）とは、人間のような自律性と適応性をもった技術やシステムである。
A2 人工知能（AI）

Q3 IoTやロボットなど、先端技術を産業や社会生活に取り入れる社会、（　　　）が期待されている。
A3 Society 5.0（超スマート社会）

Q4 ハイテク犯罪ともいう（　　　）は、コンピュータやインターネットを悪用した犯罪である。
A4 サイバー犯罪

Q5 個人情報の有用性に配慮し、個人の権利や利益の保護を目的とした法律は（　　　）である。
A5 個人情報保護法

チェックテスト ( )に当てはまる言葉や数字を答えよう。

Q1 一辺が 2 cm の正六角形の内側に、この正六角形の各辺に接する円がある。円の半径の長さは、( ) cm である。 → P115

A1 $\sqrt{3}$ cm

Q2 $\sqrt{2}$ の小数部分を a とするとき、a^2 の値は ( ) である。 → P116

A2 $3 - 2\sqrt{2}$

Q3 $2 \times \dfrac{1}{10} \div \dfrac{4}{3} \times 0.5 \times (-2)^2$ を計算すると ( ) となる。 → P116

A3 $\dfrac{3}{10}$

Q4 男子 3 人と女子 4 人が横に一列に並ぶとき、男子 3 人が隣り合わせで並ぶ並び方は ( ) 通りある。 → P118

A4 720

Q5 3 個のサイコロをふったとき、出た目の数が 3 個とも同じになる確率は ( ) である。 → P119

A5 $\dfrac{1}{36}$

Q6 ある 2 つの数について、2 つの数を足した値は 38 で、大きい数から小さい数を引いた値は 12 である。この 2 つの数のうち、小さい方の数は ( ) である。 → P120

A6 13

Q7 2 次関数のグラフが 3 点 A（0，-9）、B（3，0）、C（-1，-4）を通るとき、その 2 次関数の式は ( ) である。 → P123

A7 $y = 2x^2 - 3x - 9$

Q8 球と、その球がぴったり入る円柱、その円柱と同じ高さの円錐の体積比は ( ) である。 → P125

A8 2：3：1

Q9 「100V-1000W（100Vの電源で使用すると1000Wの電力を消費する）」と表示のあるドライヤーの抵抗は ( )〔Ω〕である。 → P126

A9 10

Q10 80mを5秒で走る自動車の速さは
（　　　　）〔m/s〕である。 ➡ P128 **A10** 16

Q11 ある物体が加速度4〔m/s²〕で
等加速度直線運動をしたところ、
6秒間に進んだ距離は102mであった。
物体の初速度は（　　　　）〔m/s〕である。 ➡ P129 **A11** 5

Q12 重力加速度を9.8〔m/s²〕とする。
角度30°の斜面上に質量20kgの
物体を置いたときの斜面に沿う力は
（　　　）〔N〕である。 ➡ P130 **A12** 98

Q13 重力加速度を10〔m/s²〕とする。
20kgの荷物を動滑車で
地面から4m引き上げたとき、
引く力は（　　　）〔N〕である。 ➡ P131 **A13** 100

Q14 波が1回に振動する時間が0.02秒のとき、
この波の周期fは（　　　）〔Hz〕である。 ➡ P132 **A14** 50

Q15 凸レンズから30cm離れたところに
光源をおくと、レンズの反対の
20cm離れたところに実像ができた。
このレンズの焦点距離は
（　　　）cmである。 ➡ P133 **A15** 12

Q16 体重500N（約50kg）の人が高低差5mの
階段を10秒で上がったときの
仕事の大きさは（　　　）〔J〕である。 ➡ P134 **A16** 2500

Q17 銅と亜鉛では、イオン化傾向は
（　　　）のほうが大きい。 ➡ P136 **A17** 亜鉛

Q18 電気分解における、変化量に関する
法則を（　　　）という。 ➡ P137 **A18** ファラデーの法則

Q19 質量保存の法則は1774年、
科学者の（　　　）により発見された。 ➡ P138 **A19** ラボアジエ

Q20 原子量を H=1、O=16.0、S=32.0 とする。
濃度98%（重量）の濃硫酸の密度は
1.84〔g/cm³〕であり、濃度は
（　　　　）〔mol/L〕となる。　⇒ P139

A20 18.4

Q21 水 114g に食塩 6g を溶かしたとき、
（　　　　）%の食塩水ができる。　⇒ P139

A21 5

Q22 分散媒粒子の衝突によるコロイド粒子の
不規則な運動を（　　　　）という。　⇒ P140

A22 ブラウン運動

Q23 ルイスは塩基を、
（　　　　）を与える物質と定義した。　⇒ P142

A23 電子対

Q24 塩基性の指示薬には
（　　　　）がある。　⇒ P142

A24 フェノール
フタレイン

Q25 電解質が水溶液中で、
電離する割合を（　　　　）という。　⇒ P143

A25 電離度

Q26 原子同士が互いに電子を出し合って
共有することにより、安定した
電子配置になる結合を（　　　　）という。　⇒ P145

A26 共有結合

Q27 金属結合をしている物質に、
外力を加えることで
線状に伸ばせる性質を（　　　　）という。　⇒ P145

A27 延性

Q28 ２対の対立形質の遺伝では、
それぞれの形質が独立して遺伝することを
（　　　　）という。　⇒ P146

A28 独立の法則

Q29 ジャガイモのように植物の一部から新しい
個体ができるふえ方を（　　　　）という。　⇒ P147

A29 栄養生殖

Q30 細胞小器官のうち、タンパク質を
合成しているのは（　　　　）である。　⇒ P148

A30 リボソーム

Q31 植物の細胞にしか見られない細胞小器官は
（　　　　）と（　　　　）である。　⇒ P148

A31 細胞壁／
葉緑体

Q32 減数分裂が起こるのは（　　　）細胞である。 → P149　**A32** 生殖

Q33 植物の体の表面を覆い、保護する組織を（　　　）という。 → P150　**A33** 表皮系

Q34 植物で細胞分裂を盛んに行う組織を（　　　）という。 → P150　**A34** 分裂組織

Q35 それ以上強くしても光合成速度が上がらない光の強さを（　　　）という。 → P151　**A35** 光飽和点

Q36 血液中で酸素を運搬するのは、（　　　）に含まれるヘモグロビンである。 → P152　**A36** 赤血球

Q37 尿を生成する腎単位を（　　　）という。 → P152　**A37** ネフロン

Q38 腎臓の副腎髄質からは（　　　）が分泌される。 → P152　**A38** アドレナリン

Q39 iPS 細胞の作製により 2012 年ノーベル生理学・医学賞を受賞した人物は（　　　）である。 → P154　**A39** 山中伸弥

Q40 「オートファジー」の仕組みの解明により 2016 年ノーベル生理学・医学賞を受賞した人物は（　　　）である。 → P154　**A40** 大隅良典

Q41 地球から見て金星が東側に最も離れたときのことを（　　　）と呼ぶ。 → P156　**A41** 東方最大離角

Q42 太陽は、水素とヘリウムの（　　　）反応によって自ら光を発する恒星である。 → P157　**A42** 核融合

Q43 マグマが冷えて固まった岩石を（　　　）という。 → P158　**A43** 火成岩

Q44 アンモナイトや恐竜の化石が見つかった地層が堆積した地質年代は（　　　）であると考えられる。　→P159

A44 中生代

Q45 北緯35°の地点の、冬至の日の南中高度は（　　　）°である。　→P160

A45 31.6

Q46 地球が数枚のプレートでできていて、移動するという考えを（　　　）という。　→P161

A46 プレートテクトニクス

Q47 暖かい空気と冷たい空気の気団の勢力がほぼ同じとき、（　　　）前線ができる。　→P162

A47 停滞

Q48 空気塊が山を越えるときに降雨があると、山の反対側では、気温が上昇する現象を（　　　）という。　→P163

A48 フェーン現象

Q49 阿蘇山のように、火山噴出物を出した後に山頂が陥没してできた凹みを（　　　）という。　→P164

A49 カルデラ

Q50 今後も変動しうる断層を（　　　）という。　→P165

A50 活断層

Q51 次の拡張子「.exe」「.wav」「.txt」のうち、実行ファイルは（　　　）である。　→P167

A51 .exe

Q52 主記憶装置に対して、（　　　）装置にはHDやBD、CD、フラッシュメモリなどがある。　→P167

A52 補助記憶

Q53 https://www.abcde.ed.jp/index.html のなかで、「index.html」が表しているのは、ファイル名と（　　　）である。　→P170

A53 拡張子

Q54 拡張現実と呼ばれる（　　　）は、人が知覚する現実環境をコンピュータで拡張する技術である。　→P171

A54 AR

Q55 インターネット上で情報を暗号化し、送受信する際のプロトコルのことを（　　　）という。　→P173

A55 SSL

第 3 章

社会科学

経済　政治

196　180

01 選挙制度

●選挙の基本原則を理解しよう。
●選出する議員や地方自治体の首長などによって異なる
選挙の種類を整理して覚えよう。

POINT!

1. 選挙の基本原則 ◀重要

普通選挙	18歳以上のすべての国民に選挙権が与えられている。選挙権は、納税額や性別などにより差別されない。
平等選挙	性別、財産、学歴などに関係なく、1人につき1票が与えられる。
秘密選挙	誰がどの候補に投票したかを秘密にする選挙。投票は無記名によって行われる。
直接選挙	投票を行う人が直接代表を選ぶ選挙。
自由選挙	選挙人の自由な意思で投票される選挙。

2. 日本の選挙区制度 ◀重要

- **小選挙区制**…各選挙区から、得票数が最多の1名のみを選出。
- **大選挙区制**…各選挙区から、得票数が多い順に2名以上を選出。
- **比例代表制**…各政党の得票数に応じて議席を配分。各政党の当選人数は、得票数を1から順に整数で割った数が大きい順に割り当てるドント式で決定する。

①拘束名簿式…政党が候補者の当選順位を決めた名簿を確定しておく方法で、獲得議席数に応じて名簿登録上位順に当選者が決まる。

②非拘束名簿式…当選順位は決めず、当選議席数の中で得票数が多い者から順に当選者を決定。

3. 選挙の種類と投票 ◀重要▶

- **衆議院議員総選挙**…<u>衆議院議員</u>全員を選出する。<u>小選挙区選挙</u>と<u>比例代表選挙</u>が同じ投票日に行われる。衆議院議員総選挙は、<u>任期の満了</u>（<u>4</u>年）、または<u>衆議院の解散</u>によって行われる。

- **参議院議員通常選挙**…参議院議員の半数を選出する。参議院の任期（<u>6</u>年）の半分である<u>3</u>年ごとに<u>半数</u>を改選。

- **地方選挙**…地方選挙には、<u>地方の議会</u>の選挙、<u>地方自治体の首長</u>の選挙、新しく地方自治体が設置された際にその議員と長を選ぶ選挙（設置選挙）がある。

- **統一地方選挙**…地方自治体の首長と議会の議員の選挙を、全国的に選挙期日を統一して行う。

- <u>期日前投票</u>…選挙期日前であっても選挙期日と同様に投票を行うことができる制度。投票期間は、<u>選挙期日の公示日</u>または<u>告示日の翌日から選挙期日の前日</u>まで。

衆議院と参議院についてのルールは、
191 ページの表と一緒に確認しておこう。

チェック問題　　（　）に当てはまる数字や言葉を答えよう。

Q1 選挙において無記名で投票が行われるのは（　　　）の原則に則ったものである。
A1 秘密選挙

Q2 小選挙区制における選挙では、各選挙区で（　　　）名が選出される。
A2 1

Q3 比例代表制において、政党が候補者の当選順位を定める方式を（　　　）という。
A3 拘束名簿式

Q4 衆議院議員総選挙は、任期の満了もしくは（　　　）によって行われる。
A4 衆議院の解散

Q5 参議院議員通常選挙では、（　　　）年ごとに半数を改選する。
A5 3

02 日本国憲法

●憲法の三大原則を押さえよう。
●基本的人権の種類や性質を確認しておこう。
● 「プログラム規定説」や「公共の福祉」を理解しよう。

POINT!

☐ 三大原則 重要

国民主権	国の政治の決定権は国民にある。天皇は象徴として国事行為のみを行うが、内閣の助言と承認を要する。また、天皇は国政に関する権能を有しない（1889 年公布の大日本帝国憲法では「天皇主権」）。
基本的人権の尊重	人が生まれながらにしてもつ「侵すことのできない永久の権利」を保障し、国家権力であってもその権利を侵すことはできない。
平和主義	悲惨な戦争を二度と繰り返さないという決意の下、盛り込まれた原則。第 9 条においては「戦争の放棄」「戦力の不保持」「交戦権の否認」を宣言。国家間の争いの中でも戦争をしないことを定めている。

☐ 三大義務 重要

- 教育の義務…国民は「教育を受ける権利」をもち、「保護する子女に普通教育を受けさせる義務」を負う（第 26 条）。
- 勤労の義務…国民は、「勤労の権利」を有し、「義務」を負う（第 27 条）。
- 納税の義務…国民は、「納税の義務」を負う（第 30 条）。

☐ 基本的人権の性質 重要

- 自由権…国家が個人に対して干渉をしないことを要求する権利。
  ①精神的自由…思想・良心の自由（第 19 条）、信教の自由（第 20 条）、表現の自由（第 21 条）、学問の自由（第 23 条）を規定。

②<u>経済的自由</u>…居住・移転及び職業選択の自由（第22条第1項）、外国移住・旅行の自由（第22条第2項）、財産権の保障（第29条）を規定。

③<u>人身の自由</u>…奴隷的拘束からの自由（第18条）、法定手続の保障（第31条）、逮捕に対する保障（第33条）、拷問及び残虐な刑罰の禁止（第36条）などを規定。

• <u>平等権</u>…生まれや性別、社会的身分などにより差別されず平等に扱われることを求める権利。法の下の平等（第14条）、男女の本質的平等（第24条）、政治上の平等（第44条）などを規定。

• <u>社会権</u>…すべての国民が<u>人間らしく生活</u>することを国家に対して求めることができる権利。<u>生存権</u>（第25条）、教育を受ける権利（第26条）、勤労の権利（第27条）などを規定。<u>生存権</u>に関しては、直接個々の国民に具体的な権利を与えたものではないと考えられている（<u>プログラム規定説</u>）。

• <u>参政権</u>…国民が国政に<u>参加</u>する権利。公務員の選定罷免権・普通選挙の保障（第15条）、最高裁判所の構成及び裁判官任命の国民審査（第79条）、憲法改正における国民投票（第96条）などを規定。

• <u>請求権</u>…国民が国家に対して<u>一定の作為を要求</u>する権利。請願権（第16条）、損害賠償を求める権利（第17条）、裁判を受ける権利（第32条）、刑事補償を求める権利（第40条）などを規定。

☐ その他の権利 ◀重要

• <u>新しい人権</u>…<u>幸福追求権</u>（憲法13条）に基づく人権。<u>幸福追求権</u>は、条文に記載されていない権利を包括的に保障する。

• <u>知る権利</u>…干渉を受けず、自由に情報にふれる権利。

• <u>プライバシーの権利</u>…私的な情報を自分でコントロールすることができ、私生活上の事柄をみだりに公開されない権利。

• <u>肖像権</u>…私生活上の容姿を無断で撮影されたり、公表されたりしない権利。プライバシーの権利の一部として扱われる。

• <u>環境権</u>…良好な環境の中で生活することができる権利。

☐ 公共の福祉 —重要

- 日本国憲法では、「すべて国民は、個人として尊重される」(第13条)が、他者との権利衝突を生じさせることも考えられる。対立する権利を調整するための考え方を<u>公共の福祉</u>という。

☐ 平和主義

- **日本国憲法第9条**…①「日本国民は、正義と秩序を基調とする<u>国際平和</u>を誠実に希求し、国権の発動たる戦争と、<u>武力</u>による威嚇又は<u>武力</u>の行使は、国際紛争を解決する手段としては、<u>永久</u>にこれを<u>放棄</u>する」、②「前項の目的を達するため、陸海空軍その他の<u>戦力</u>は、これを<u>保持しない</u>。国の<u>交戦権</u>は、これを<u>認めない</u>」。

☐ 憲法の改正

- 憲法の改正は、<u>衆参各議院の総議員</u>の<u>3分の2</u>以上の賛成で<u>国会</u>が発議し、国民投票で<u>過半数</u>の賛成による国民の承認が必要。

チェック問題	( )に当てはまる数字や言葉を答えよう。

Q1 天皇は日本の象徴であり( )のみを行う。	**A1**	国事行為
Q2 日本国憲法の三大原則は、国民主権、( )、平和主義である。	**A2**	基本的人権の尊重
Q3 日本国憲法の中で、戦争の放棄を宣言している条文は第( )条である。	**A3**	9
Q4 干渉を受けずに自由に情報を集めることができる権利を( )という。	**A4**	知る権利
Q5 他者との権利の対立を調整するため( )という考え方がある。	**A5**	公共の福祉

03 国際政治

POINT!
- 国際連合に関連する機関の名前と役割を押さえよう。
- 国際連合の安全保障理事会がもつ権能を確認しよう。
- 日本と関係する国際協力や体制を覚えよう。

☐ 国際連盟

- <u>国際連盟</u>…1920 年に設立された世界初の国際平和機構。本部は<u>スイス</u>の<u>ジュネーヴ</u>で、1946 年に解散。

☐ 国際連合と関連機関 ◀重要

- <u>国際連合</u>…<u>1945</u> 年に設立。本部は<u>アメリカ</u>の<u>ニューヨーク</u>。国際連合の基本文書である<u>国連憲章</u>ではその目的として、国際平和と安全維持、諸国間の友好関係の発展、国際問題の解決のための中心となることなどを定めている。主要な機関は<u>総会</u>、<u>安全保障理事会</u>、<u>事務局</u>、経済社会理事会、信託統治理事会、<u>国際司法裁判所</u>の 6 機関。そのほか、専門機関や基金、各種機関が含まれる。
- <u>総会</u>…国連を代表する機関。すべての加盟国の代表から構成され、各国はそれぞれ 1 票の投票権をもつ。<u>平和と安全保障</u>、<u>新加盟国</u>の承認、<u>予算</u>のような重要問題についての決定は<u>3 分の 2</u>以上の賛成が必要となる。
- <u>安全保障理事会</u>…<u>常任理事国</u> 5 か国（<u>中国・フランス・ロシア・イギリス・アメリカ</u>）に総会が <u>2</u> 年の任期で選ぶ非常任理事国 <u>10</u> か国を加えた <u>15</u> か国で構成。安全保障理事会には、国際紛争の解決のための<u>制裁措置</u>の決定をする権限がある。手続き事項に関する決定には少なくとも <u>9</u> 理事国以上の賛成投票が必要。常任理事国

は決議を<u>拒否</u>することができる。常任理事国によって拒否された決議は、1か国のみによる拒否であっても<u>無効</u>となる。

国際司法裁判所	オランダのハーグに置かれる国際連合の主要な司法機関。「世界法廷」として知られる。
国連難民高等弁務官事務所 （UNHCR）	難民の人権、生活の安全を守るための支援を行う。
世界保健機関 （WHO）	健康に関する研究課題を作成し、規範や基準を設定する。
教育科学文化機関 （UNESCO）	教育の普及や文化の保護・発展を支援する。
国連児童基金 （UNICEF）	子どもの生存、保護、発展の権利を保護する。
国際労働機関 （ILO）	働きがいのある人間らしい仕事ができる社会の実現をめざし、労働基準の設定やプログラム策定を行う。
国際通貨基金 （IMF）	国際収支問題を抱える加盟国に財政支援を行い、経済成長に必要な条件の回復を促す。
世界貿易機関 （WTO）	国家間の貿易の規則を取り上げる唯一の国際機関。政府間での貿易に関する紛争を解決する。

1. その他の国際機構、国際機関

- <u>欧州連合</u>（<u>EU</u>）…ヨーロッパ諸国の連合体で、<u>27</u>か国が加盟（2020年に<u>イギリス</u>が脱退）。本部は<u>ベルギー</u>の<u>ブリュッセル</u>。関税同盟や単一市場が特徴で、共通通貨として<u>ユーロ</u>が導入されている。
- <u>東南アジア諸国連合</u>（<u>ASEAN</u>）…東南アジアの地域協力機構で加盟国は<u>10</u>か国。本部はインドネシアのジャカルタ。
- <u>非政府組織</u>（<u>NGO</u>）…企業や政治団体などを除いた民間の非営利団体。地球規模の課題に取り組む非政府組織は<u>国際協力NGO</u>と呼ばれる。

2. 日本と国際政治 ◀重要

- **集団安全保障**…武力攻撃や侵略を行う国に対して、同盟関係にある他国が**集団的**に実力をもって阻止する安全保障体制。
- **国際連合平和維持活動**（PKO）…紛争地域に停戦監視団や選挙監視団を派遣。受け入れ国の同意、中立、武力不行使の三原則をもとに活動を展開する。日本は<u>1992</u>年に初参加。**PKO**によって派遣される各国の部隊等を<u>国際連合平和維持軍</u>（PKF）という。
- **政府開発援助**（ODA）…発展途上国の経済・社会の発展や福祉の向上に役立つために行う資金・技術提供による協力。日本は1954年に発展途上国への経済協力を開始。
- **自由貿易協定**（FTA）…国や地域の間で、物品の関税やサービスなどの貿易の障壁等を削減、撤廃することを目的とする協定。
- **経済連携協定**（EPA）…貿易の自由化に加え、投資、人の移動、知的財産の保護や競争政策におけるルールなど、**幅広い経済関係**の強化を目的とする協定。

チェック問題　（　）に当てはまる言葉を答えよう。

Q1 国際連合において、すべての加盟国の代表者からなる機関を（　　）という。	**A1**	総会
Q2 安全保障理事会のアジア唯一の常任理事国は（　　）である。	**A2**	中国
Q3 オランダのハーグに置かれる国際連合の主要な司法機関は（　　）である。	**A3**	国際司法裁判所
Q4 欧州連合の加盟国で使われている共通通貨は（　　）である。	**A4**	ユーロ
Q5 企業や政治団体などを除いた民間の非営利団体を（　　）という。	**A5**	非政府組織（NGO）

頻出度
A 04 地方自治

● 地方自治体のしくみや首長の権利などを押さえよう。
● 直接請求の要件を確認しよう。
● 地方財政の種類や特徴を覚えよう。

POINT!

1. 地方自治の本旨 ◀重要

- **日本国憲法第 92 条**…「地方公共団体の組織及び運営に関する事項は、地方自治の本旨に基いて、法律でこれを定める」。
- 地方自治の本旨は、住民自治と団体自治の 2 つの要素からなる。
  ① 住民自治…住民の意思に基づき、自治が行われるという民主主義的な要素。
  ② 団体自治…国から独立した団体自らの意思と責任の下で自治が行われるという自由主義的・地方分権的な要素。
- 「**地方自治は民主主義の学校**」…イギリスの政治家ブライスの言葉。

2. 地方自治体のしくみ ◀重要

- **首長**…地方自治体の行政上の責任者。住民の直接選挙（議会と別個）によって選出される。首長は、議会に対する解散権と、条例や予算に対する拒否権をもつ。
- **議会**…住民の直接選挙によって選出。条例の制定や、予算の議決を行う。首長に対しては不信任決議権をもつ。
- **直接請求権**…地方自治体の行う行政に、住民の意思を直接反映させることを保障する権利。一定数の有権者の署名を集めることで、条例の制定や改廃、監査、議会の解散、議員・首長・公務員の解職を求めることができる。

請求権の種類	必要な署名数	請求先
条例の制定や改廃 （イニシアティブ）	有権者の <u>50分の1</u>以上	首長
監査（レファレンダム）		監査委員
議会の解散（リコール）	有権者の <u>3分の1</u>以上	選挙管理委員会
首長・議員・主要公務員の解職 （リコール）		首長または選挙管理委員会

3. 地方自治体の財政 ━重要

- <u>地方税</u>…都道府県や市区町村が条例に基づいて課税。道府県税と市町村税があり、それぞれ普通税（税の使途が特定されていないもの）と目的税（税の使途が特定されているもの）に区分される。
- <u>地方交付税交付金</u>…国が国民から国税として徴収し、一定の合理的な基準によって再配分された財源。
- <u>地方債</u>…財政上必要な資金を外部から調達して負担する債務。

チェック問題　（　）に当てはまる言葉を答えよう。

Q1 地方自治の本旨は、住民自治と（　　　）の２つの要素からなる。　**A1** 団体自治

Q2 「地方自治は民主主義の学校」という言葉はイギリスの政治家（　　　）が残した。　**A2** ブライス

Q3 地方自治体の首長は、議会に対する解散権と条例や予算に対する（　　　）をもつ。　**A3** 拒否権

Q4 議会の解散請求には有権者の（　　　）以上の数の署名が必要になる。　**A4** 3分の1

Q5 都道府県や市区町村が条例に基づき課税する税金を（　　　）という。　**A5** 地方税

05 司法・立法・行政

POINT!
● 裁判所・国会・内閣の権能を確認しよう。
● 衆議院の優越が認められるケースを押さえよう。
● 日本国憲法が定める三権分立の原則を理解しよう。

1. 裁判所 ◀重要

- **最高裁判所**…長官と 14 名の判事により構成。長官は<u>内閣の指名</u>に基づき<u>天皇</u>により任命。判事は<u>内閣</u>により任命され、天皇の<u>認証</u>を受ける。

- **下級裁判所**…家庭裁判所、簡易裁判所、地方裁判所、高等裁判所がある。

- **三審制**…当事者が望む場合、原則 3 回まで審理を受けられる制度。第一審の判決への不服申し立てを<u>控訴</u>、第二審の判決への不服申し立てを<u>上告</u>という。

2. 裁判所の権能 ◀重要

- 個々の裁判所はそれぞれ<u>独立</u>して<u>裁判権</u>を行使し、下級裁判所であっても上級裁判所の指揮監督を受けることはない。

- 裁判の対審、判決は<u>公開法廷</u>で行われる。しかし、裁判官の全員一致で、公の秩序または善良の風俗を害する恐れがあると判断した場合には、対審は公開しないで実施することができる。

- <u>裁判員制度</u>…国民の中から選ばれた裁判員が刑事裁判に参加する制度。裁判員は審理に立ち会い、被告人の有罪・無罪、量刑の判断を行う。

- <u>違憲立法審査権</u>…<u>最高裁判所</u>は、法律や命令、規則または処分が

憲法に適合するかしないかを決定する権限をもつ。

☐ **裁判官の弾劾・国民審査** 重要

- **裁判官の弾劾**…裁判官の身分への適性が疑われる場合には、国会が**弾劾裁判所**を設置。罷免の訴追を受けた裁判官を裁判することができる。
- **最高裁判所裁判官国民審査**…最高裁判所の裁判官が、その職務にふさわしいかどうかを国民が審査する。

3. 国会 重要

- **常会**…毎年 <u>1 月</u>に召集。予算や関連法案の審議を行う。会期は <u>150</u> 日間で、<u>1</u> 回まで延長が可能。
- **臨時会**…臨時の補正予算や法律案の審議が必要な場合に召集。衆議院か参議院の総議員の <u>4 分の 1</u> 以上から要求があった場合、内閣は召集を決定しなければならない。会期は国会が決定し、<u>2</u> 回まで延長が可能。
- **特別会**…衆議院の解散総選挙後、**内閣総理大臣の指名**のために召集。会期は国会が決定し、<u>2</u> 回まで延長が可能。

4. 衆議院と参議院 重要

衆議院	比較点	参議院
<u>465</u>名	議員定数	245名
4 年（解散あり）	任期	<u>6</u> 年（3 年ごとに半数改選）
満<u>25</u>歳以上	被選挙権	満<u>30</u>歳以上
小選挙区<u>289</u>名／比例代表176名	選挙区	選挙区<u>147</u>名／比例代表98名
有	解散	無

- 衆議院と参議院の意思が一致しない場合、両院協議会で両院の意思の調整を図る。それでも意思が一致しない場合、衆議院に強い権限を認めるケースがある。これを衆議院の優越という。
- **予算の議決・条約締結の承認**…両院協議会でも調整できなかった場合、または参議院が衆議院の議決を受け取ったのち 30 日以内に議決しないときは、衆議院の議決が国会の議決となる。
- **内閣総理大臣の指名**…両院協議会でも意思が一致しない場合、または参議院が衆議院の指名後 10 日以内に指名を行わない場合は、衆議院で指名された人が内閣総理大臣になる。
- **法律案**…参議院が衆議院で可決された法律案を受け取ってから 60 日以内に議決しない場合は、衆議院は参議院が否決したとみなすことができる。衆議院で可決後、参議院が否決・修正議決した場合には、衆議院がもとの案を出席議員の 3 分の 2 以上の賛成で再可決することで法律案を成立させることができる。

5. 行政権と内閣 ◀ 重要

- **内閣**…内閣総理大臣およびその他の国務大臣で組織。
- **内閣総理大臣**…国会議員の中から国会の議決で指名。内閣総理大臣が国務大臣を指名する。その過半数は、国会議員の中から選ばなければならない。内閣総理大臣は、国務大臣の罷免権をもつ。

6. 内閣の権能 ◀ 重要

- **議院内閣制**…内閣は、行政権の行使について、国会に対し連帯して責任を負う。
- 内閣には、法律の誠実な執行と国務の総理、外交関係の処理、条約の締結、官吏に関する事務の掌理、予算の作成と国会への提出、

政令の制定、恩赦の決定、天皇の国事行為に対する助言と承認、衆議院の解散、最高裁判所長官の指名などの権能がある。

□ 三権分立 重要

● 日本国憲法は、裁判所（司法権）、国会（立法権）、内閣（行政権）の3つの独立した機関が抑制し合うことで権力の暴走を防ぐ「三権分立」の原則を定めている。

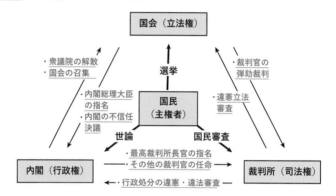

チェック問題　（　）に当てはまる言葉を答えよう。

Q1 最高裁判所の判事は（　　　）により任命され天皇の認証を受ける。
A1 内閣

Q2 裁判で当事者が望む場合、原則3回まで審理を受けられる制度を（　　　）という。
A2 三審制

Q3 国民の中から選ばれた裁判員が刑事裁判に参加する制度を（　　　）という。
A3 裁判員制度

Q4 衆議院の解散総選挙後、内閣総理大臣の指名のために召集する国会を（　　　）という。
A4 特別会

Q5 内閣を組織する国務大臣の半数以上は（　　　）でなければならない。
A5 国会議員

06 政治思想・政治制度

●現代の政治制度にも通ずる思想の特徴を押さえよう。
●人物と政治思想の内容が一致するように覚えよう。
●国による政治制度の違いを確認しよう。

POINT!

---

1. 絶対王政下での政治思想

- **王権神授説**…王政の権力は神から授かったものであり、抵抗してはならないとする政治思想。体制を維持するため、国王や貴族などの身分の高い者によって主張された。

---

2. 社会契約説 ◀重要

- **ホッブズ**（イギリス）…主著は『**リヴァイアサン**』、『**市民論**』。「**万人の万人に対する闘争**（自然状態）」を避けるため、それぞれがもつ自然権を政府に委譲。政府は強い権力をもって統治する。
- **ロック**（イギリス）…主著は『**市民政府二論**』。それぞれの**契約**によって自然権を守り、社会を形成。社会が自然権の一部を政府に**信託**する。政府が信託目的に反する場合は、**抵抗権**や**革命権**が認められる。
- **ルソー**（フランス）…主著は『**社会契約論**』。**一般意思**（人民の総意）によって国家を形成。自然権を放棄し、**一般意思**に服従する。

☐ **三権分立論** ◀重要

- **モンテスキュー**（フランス）…主著は『**法の精神**』。国家の権力を**司法権・立法権・行政権**に分けて均衡を保つ**三権分立論**を唱えた。

3. 国民主権の礎

- **リンカン**…アメリカ第16代大統領。1863年の**ゲティスバーグ演説**で「<u>人民の、人民による、人民のための政治</u>」を主張。

4. 各国の政治制度

- **イギリス**…<u>議院内閣制</u>を採用（日本、イタリア、ドイツなども採用）。<u>議会の信任</u>により内閣が成り立つ。議会は上院（貴族院）と下院（庶民院）で構成され、予算の議決などに<u>下院の優越</u>が認められている。イギリスでは法典にまとめられた憲法はなく（<u>不文憲法</u>）、慣習法や慣例法、マグナカルタなどが憲法の役割を果たしている。
- **アメリカ**…大統領制を採用。連邦議会は上院と下院で構成。州ごとの選挙人を通して選ばれる大統領は、<u>国民</u>に対してのみ責任を負う。法案への<u>拒否権</u>をもち、<u>教書</u>の送付により法律の制定を促す。
- **中国**…<u>民主集中制</u>を採用。<u>全国人民代表大会</u>が最高国家権力機関で、その他の国家機関は人民代表大会によって設立、監督される。

頻出度 **B**

06 **政治思想・政治制度**

チェック問題　（　）に当てはまる言葉を答えよう。

Q1 王政の権力は神から授かったものとする体制派による思想を（　　）という。

A1 王権神授説

Q2 フランスの思想家（　　）は三権分立論を唱えた。

A2 モンテスキュー

Q3 1863年にゲティスバーグ演説を行ったアメリカ第16代大統領は（　　）である。

A3 リンカン

Q4 イギリスでは、予算の議決などに（　　）の優越が認められている。

A4 下院

Q5 中国では、民主集中制が採用され、（　　）が最高国家権力機関である。

A5 全国人民代表大会

頻出度

A 01 市場経済

●需要曲線と供給曲線の違いを理解しよう。
●寡占市場と独占市場について確認しておこう。
●寡占市場の3つの形態を押さえよう。

□ 市場メカニズム（市場機構）

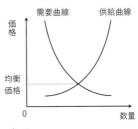

- 価格の自動調整機能。完全競争市場においての価格決定には、需要と供給のバランスを自動調整する作用があること。

- 需要曲線…買い手の行動を示す曲線。価格が上昇すれば購入量は減り、下落すれば増えるため、右下がりの曲線になる。

- 供給曲線…売り手の行動を示す曲線。価格が上昇すれば販売量を増やし、下落すれば減らすため、右上がりの曲線になる。

- 均衡価格…完全競争市場において、需要曲線と供給曲線が交わったところで決定される価格。

1. 市場支配 重要

- 寡占市場…少数の企業が市場を支配している状態。1社のみが市場を支配している場合は、独占市場と呼ぶ。

- 管理価格…市場メカニズムを通してではなく、寡占市場における少数の企業により形成される価格のこと。寡占市場で最も力をもつ企業がプライス・リーダーとなり、他企業が追随することで決定される。管理価格が形成されると、需要の減少やコストダウン

が起きても価格が下がりにくくなる（＝価格の下方硬直性）。

- **非価格競争**…寡占市場において、品質やデザイン、広告・宣伝など、商品の価格以外での競争が起こること。

□ **寡占の形態** 重要

①**カルテル**（企業連合）
同一の産業内の企業が価格や生産量、販売地域などについて、**協定**を結ぶこと。

②**トラスト**（企業合同）
同一の産業内の企業が1つの企業に合併し、競争を排除すること。

③**コンツェルン**（企業連携）
大企業が複数の企業を支配下に置くこと。株式所有や融資などを通して行われる。

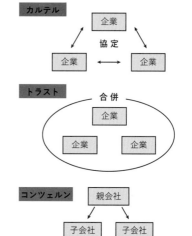

- **独占禁止法**（私的独占の禁止及び公正取引の確保に関する法律）…寡占や独占による弊害を防ぐ法律。**公正取引委員会**が調査・審決する。

チェック問題 （　）に当てはまる言葉を答えよう。

Q1	右下がりの曲線を示す（　　）は、買い手の行動を示す。	A1 需要曲線
Q2	少数の企業が支配している市場を（　　）という。	A2 寡占市場
Q3	同一産業内の企業が協定を結ぶことを（　　）という。	A3 カルテル（企業連合）

経 済

頻出度

A 02 経済指標と財政

● 国内総生産（GDP）について理解しよう。
● 財政の3つの機能をチェックしよう。
● 間接税と直接税の違いを押さえよう。

POINT!

1. 国の経済指標と景気 ◀重要

国内総生産 （GDP）	1年間、国内で生産された財・サービスの付加価値の合計額。**総生産額−中間生産物の総額−海外からの純所得**で計算される。
国民総所得 （GNI）	国民が1年間に国内や海外で得た所得を合計したもの。2000年より国民総生産（GNP）に代わり、主要統計に使用されている。
国民所得（NI）	国民純生産（NNP）−間接税＋補助金で計算される。
経済成長率	ある一定期間、新しい付加価値がどの程度生み出されたのかを示す経済指標。
名目経済成長率〔％〕	$\dfrac{\text{本年度名目GDP}-\text{前年度名目GDP}}{\text{前年度名目GDP}}\times 100$ で計算する。
実質経済成長率〔％〕	$\dfrac{\text{本年度実質GDP}-\text{前年度実質GDP}}{\text{前年度実質GDP}}\times 100$ で計算する。
景気変動 （景気循環）	好況、後退、不況、回復の4つの局面があり、波形を描きながら循環している。
インフレーション	物価が継続的に上昇する経済現象。需要と供給のバランスが崩れ、総需要が総供給を上回ったときに起こる。
デフレーション	物価が継続的に下落する経済現象。需要と供給のバランスが崩れ、総需要が総供給を下回ったときに起こる。

2. 財政の役割 ◀重要

- 財政とは政府が行う経済政策で、3つの役割がある。
    ① 資源配分の調整…政府が公共財の提供や外部経済の調整などを行い、偏りなく資源を配分すること。

公共財	政府が提供する財・サービスで、誰もが共同消費できるもの。一般道路、公園、警察、消防などがある。非競合性と非排除性の性質をもつ。
外部経済	経済活動が市場を通さず、他者に利益を与えること。反対に損失を与えることを外部不経済という。

②<u>所得の再分配</u>…市場で生じる所得配分の格差に政府が介入して調整し、公平を図ること。

③<u>景気の調整</u>…不況や好況などの景気変動に対して政府が介入し、経済を安定させること。

自動安定化機能 (ビルト・イン・スタビライザー)	所得税や法人税といった累進課税、失業手当といった社会保障制度など、財政制度に組み込まれている自動的に景気を安定させるしくみのこと。
補正的な財政政策 (フィスカル・ポリシー)	政府が景気の動向により、裁量的に実施する財政政策のこと。

3. 租税原則 ◀重要

• 租税のあり方を示すもの。<u>公平</u>の原則、<u>簡素</u>の原則、<u>中立</u>の原則がある。

直接税	納税義務者と税負担者が同一の税。所得税、法人税、相続税、贈与税などがある。
間接税	納税義務者と税負担者が異なる税。消費税、酒税、揮発油税、たばこ税などがある。

チェック問題 ( )に当てはまる言葉を答えよう。

Q1 ( )は、総生産額-中間生産物の総額-海外からの純所得で計算される。

A1 国内総生産(GDP)

Q2 財政には、資源配分の調整・( )・景気の調整の役割がある。

A2 所得の再分配

Q3 政府が景気の動向を見て裁量的に行う財政政策を( )という。

A3 補正的な財政政策(フィスカル・ポリシー)

03 国際経済

● 貿易と為替相場の基本を確認しよう。
● ブレトンウッズ体制の確立と崩壊について押さえよう。
● WTO、EUなどが、どんな組織なのかチェックしよう。

POINT!

1. 国際分業 ◀重要

- 各国が得意分野の製品などを集中的につくり、輸出入すること。垂直的分業と水平的分業がある。

□ 貿易 ◀重要

自由貿易	国が関与せず、各経済主体が自由に行う貿易形態。
保護貿易	自国の産業を保護するため、国が関税をかけたり、輸出入を制限したりする貿易形態。

2. 為替相場 ◀重要

外国為替相場	他国通貨に対する自国通貨の価格のこと。為替レートともいう。
変動為替相場	外貨の需要と供給のバランスによって為替レートが決定される制度のこと。
固定為替相場	外国為替相場の変動にかかわらず、為替レートが固定された制度のこと。

3. 国際経済史 ◀重要

- ブレトンウッズ体制…第2次世界大戦後の経済復興などを支えた

国際通貨制度。1944 年に締結された**ブレトンウッズ協定**に基づき確立。固定相場制を定め、<u>国際通貨基金</u>（IMF）、<u>国際復興開発銀行</u>（IBRD）を設立。

●**ニクソン・ショック**…1971 年 8 月、米大統領だったニクソンが、金・ドルの交換を停止。<u>ブレトンウッズ体制</u>が事実上崩壊した。

4. 国際経済機構 ◂重要

国際通貨基金（IMF）	通貨の価値や為替相場の安定を目的とする国際機関。
国際復興開発銀行（IBRD）	発展途上国向けの開発資金を援助する融資機関。
世界貿易機関（WTO）	自由貿易推進を図る国際機関。1995 年に GATT（関税と貿易に関する一般協定）を引き継ぎ、発足した。

5. 地域的経済連合 ◂重要

欧州連合（EU）	1993 年のマーストリヒト条約によって創立された政治・経済における国家共同体。欧州各国が加盟している。
環太平洋パートナーシップ協定（TPP）	環太平洋地域の国々による経済連合協定。
アジア太平洋経済協力（APEC）	1989 年に発足した経済協力の枠組み。21 の国と地域が参加している。

チェック問題　（　）に当てはまる言葉を答えよう。

Q1 国際分業には、垂直的分業と（　　）がある。
A1 水平的分業

Q2 為替レートが外貨の需給関係により決定される制度を（　　）という。
A2 変動為替相場

Q3 （　　）は、第 2 次世界大戦後の経済復興を支えた国際通貨制度である。
A3 ブレトンウッズ体制

04 労働

●勤労権と労働三権について確認しよう。

●労働三法の内容をチェックしよう。

●終身雇用制や年功序列賃金などのしくみを押さえよう。

POINT!

1. 労働基本権 重要

• 勤労権…働く意志のある国民が、労働機会を国に請求できる権利。憲法第 27 条が保障。

• 労働三権…憲法第 28 条が保障する以下の権利。

団結権	労働者が団結し、労働組合を結成・加入することができる権利。
団体交渉権	労働条件などについて、労働者が団体の代表者を通じて使用者と交渉する権利。
団体行動権（争議権）	労働者が労働条件の改善などを求め、ストライキやサボタージュ、ボイコットなどの**争議行為**を行う権利。

2. 労働三法 重要

労働組合法	労働組合を認め、労働者と使用者が対等な立場で交渉できるようにした法律。労働三権を保障し、不当労働行為についても定める。
労働基準法	賃金や労働時間、休憩、休日など、労働条件の最低基準について定めた法律。
労働関係調整法	労働争議を予防し、解決するための法律。労働委員会による労働争議の**斡旋**、**調停**、**仲裁**などの調整方法を定めている。

- **不当労働行為**…使用者による団結権や団体交渉権の侵害、労働組合の活動妨害などの行為。
- **労働基準監督署**…労働基準法などの法律に基づき、事業場に対する監督指導、労災保険の給付などを担う厚生労働省の第一線機関。

3. 現代の労働事情 ◀重要

- **男女雇用機会均等法**…採用や昇進、解雇などに対し、性別を理由とした差別を禁止する法律。
- **終身雇用制**…入社から定年まで雇用関係が続くしくみ。日本の雇用制度の特徴とされてきた。
- **年功序列賃金**…年齢や勤続年数により賃金が決まるしくみ。日本の雇用制度の特徴とされてきた。
- **非正規雇用**…パート、アルバイト、契約社員、派遣社員など、正社員以外の雇用形態のこと。
- **フリーター**…パートやアルバイトで生計を立てる人のこと。
- **ニート**（若年無業者）…15 ～ 34 歳の非労働人口のうち、職業訓練、通学、家事をしていない人のこと。

チェック問題　　（　　）に当てはまる言葉を答えよう。

Q1	憲法第 27 条が保障する、働く意志のある国民が労働機会を請求する権利を（　　）という。	A1 勤労権
Q2	団結権、（　　）、団体行動権（争議権）を労働三権という。	A2 団体交渉権
Q3	（　　）は、労働三権を保障し、労働者と使用者が対等に交渉できるようにした法律である。	A3 労働組合法
Q4	労働委員会による労働争議の斡旋、調停、仲裁などの方法を定めた法律を（　　）という。	A4 労働関係調整法
Q5	年齢や勤続年数により賃金が決まるしくみを（　　）という。	A5 年功序列賃金

05 経済学説・経済史

● 主要な経済学説について、代表的な経済学者を踏まえて内容を押さえよう。

● 日本経済史の流れと時期ごとの特徴をつかもう。

POINT!

1. 西洋の経済学説

- **重商主義**…16 ～ 18 世紀の絶対君主制をひく欧州国家で掲げられた金や貨幣を唯一の富であるとする経済思想。

- **重農主義**…18 世紀後半にフランスの**ケネー**が『**経済表**』で唱えた農業のみを富の源であるとする経済思想。古典派経済学の提唱に影響を与えた。

- **古典派経済学**…18 世紀後半～ 19 世紀前半の産業革命後のイギリスで生まれた経済学派。資本主義経済を最初に研究し、価格の自動調整機能や労働価値説を唱えた。代表的な人物に、**アダム・スミス**（主著『諸国民の富（国富論）』）、**マルサス**（主著『**人口論**』）などがいる。

- **アダム・スミス**…古典派経済学の始祖。価格の自動調整機能を「**神の見えざる手**」と呼んだ。

- **マルクス経済学**…マルクス（主著『資本論』）らが唱えた**社会主義思想**。労働価値説を基礎に剰余価値の概念を導入して資本主義を体系的に解明し、社会主義へ移行する必然性があるとした。

- **ケインズ経済学**…ケインズ（主著『雇用・利子および貨幣の一般理論』）が唱えた経済学説。**有効需要の原理**を唱え、政府が有効需要に介入する必要性を主張した。

2. 日本の経済史

時期	年	内容
戦後復興期	1945年	経済民主化政策（財閥の解体・農地改革・労働の民主化）
	1950年	朝鮮戦争が始まり、特需景気が起こる
高度経済成長期	1960年	所得倍増計画
	1971年	ニクソン・ショックで円切上げ実施
石油危機	1973年	第1次石油危機
	1979年	第2次石油危機
平成好況から バブル崩壊	1985年	プラザ合意により円高が急激に進み、円高不況に。内需拡大策で平成好況が起こる
	1990年頃	バブル経済崩壊
長期停滞期から 現在まで	2008年	リーマン・ショックで景気後退
	2013年	アベノミクス（金融政策・財政政策・成長戦略）
	2016年	日本銀行がマイナス金利政策を導入

経済

頻出度
B

05
経済学説・経済史

チェック問題　( )に当てはまる言葉を答えよう。

Q1 金や貨幣のみを富であるとする経済思想を（　　）という。
A1 重商主義

Q2 『諸国民の富（国富論）』を書いた（　　）は、古典派経済学を唱えた。
A2 アダム・スミス

Q3 マルクスらが唱えた（　　）思想をマルクス経済学という。
A3 社会主義

Q4 1945年の日本における経済民主化政策では、（　　）、農地改革、労働の民主化を行った。
A4 財閥の解体

Q5 日本では、1985年の（　　）により円高が急激に進み、円高不況が起こった。
A5 プラザ合意

経済

頻出度
C

06 金融・金融政策

● 直接金融と間接金融の相違点をチェックしよう。
● 日本銀行の役割を理解しよう。
● 日本銀行が行う3つの金融政策を確認しておこう。

POINT!

1. 通貨制度と金融 ◀重要

管理通貨制度	中央銀行が経済動向に基づき、通貨の供給量を調整する制度。これ以前は、金の保有量に応じて通貨が発行されていた(=**金本位制**)。
信用創造	銀行が預金と貸し出しを連鎖的に繰り返すことで、お金が増えていくしくみ。
直接金融	融資する側が受ける側と直接資金をやりとりするしくみ。株式や債券の取引などがある。
間接金融	融資する側と受ける側の間に、銀行などの間接的に資金をやりとりする機関が存在するしくみ。

□ 中央銀行 ◀重要

● 国の通貨や金融の制度を担う中心的機関。日本の中央銀行は、<u>日本銀行</u>で主に以下の業務を行う。

□ 日本銀行の3大業務 ◀重要

銀行券の発券業務	紙幣の発券や調整を行う。
銀行のための銀行業務	一般の金融機関からの預金受け入れや貸与、手形交換の振替決済などを行う。
政府のための銀行業務	政府が集めた税金や国債の発行で調達した資金の管理などを行う。

□ 金融政策

• 日本銀行が行う景気安定のための施策。代表的なものに以下の3つがある。ただし、公定歩合操作、支払準備率操作は、金融自由化などにより近年は行われていない。

①**公開市場操作**（オープン・マーケット・オペレーション）…日本銀行が市中銀行に債券などを売買し、お金の流通量を調整すること。

買いオペレーション	日本銀行が市中銀行から債券や手形を買うことで、通貨量を増やす。不況時に有効。
売りオペレーション	日本銀行が市中銀行に債券や手形を売ることで、通貨量を減らす。好況時に有効。

②**支払（預金）準備率操作**…市中銀行は、預金の一定割合を支払準備金として保有しておく必要がある。この準備率を日本銀行が操作し、お金の流通量を調整すること。

支払準備率の引き下げ	市中銀行の信用創造を促すことで、貨幣の供給量が増える。不況時に有効。
支払準備率の引き上げ	市中銀行の信用創造を阻むことで、貨幣の供給量が抑制される。好況時に有効。

③**公定歩合操作**…日本銀行が市中銀行に貸し出す際の基準金利（「基準割引率および基準貸付利率」）を上下させ、通貨量を調整すること。

チェック問題　（　）に当てはまる言葉を答えよう。

Q1 融資する側が受ける側と直接資金をやりとりするしくみを（　）という。
A1 直接金融

Q2 日本銀行は、銀行券の発券業務、銀行のための銀行業務、（　）業務を行う。
A2 政府のための銀行

Q3 日本銀行が市中銀行に債券を売り、通貨量を減らすことを（　）という。
A3 売りオペレーション

チェックテスト （　　）に当てはまる言葉を答えよう。

Q1 選挙の基本原則には、（　　　）選挙、平等選挙、秘密選挙、直接選挙、自由選挙の5つがある。　→ P180

A1 普通

Q2 日本の選挙制度について、比例代表制では、各政党の（　　　）により議席を分配する。　→ P180

A2 得票数

Q3 日本国憲法第9条では「戦争の放棄」「戦力の不保持」「（　　　）の否認」を宣言している。　→ P182

A3 交戦権

Q4 すべての国民が人間らしく生活することを国家に求めることができる権利を（　　　）という。　→ P183

A4 社会権

Q5 国連総会における新加盟国の承認には、加盟国の（　　　）以上の賛成が必要になる。　→ P185

A5 3分の2

Q6 国際収支問題を抱える加盟国に財政支援を行い、経済成長に必要な条件の回復を促す国連の関連機関は（　　　）である。　→ P186

A6 国際通貨基金（IMF）

Q7 東南アジア10か国が加盟し、本部がジャカルタにある地域協力機構を（　　　）という。　→ P186

A7 東南アジア諸国連合（ASEAN）

Q8 地方自治体の行う行政に、住民の意見を直接反映させることを保障する権利を（　　　）という。　→ P188

A8 直接請求権

Q9 有権者の住民の3分の1以上の署名により、議会の解散や議員・首長・主要公務員の解職を求めることができる制度を（　　　）という。　→ P189

A9 リコール

Q10 国が国民から国税として徴収し、一定の合理的な基準により再分配された財源を（　　　）という。　→ P189

A10 地方交付税交付金

Q11 最高裁判所は、法律や行政処分が憲法に適合するかしないかを決定する（　　　）をもつ。　→ P190

A11 違憲立法審査権

Q12 衆議院と参議院の意思が一致しない場合、（　　　）で両院の意思の調整を行う。　→ P192

A12 両院協議会

Q13 日本のように、内閣が国会に対して連帯して責任を負う制度を（　　　）という。　→ P192

A13 議院内閣制

Q14 （　　　）は『リヴァイアサン』の中で、人の自然状態を「万人の万人に対する闘争」と表現した。　→ P194

A14 ホッブズ

Q15 国家の権力を、裁判所の司法権・国会の立法権・内閣の行政権に分けてそれぞれの権力の均衡を保つ仕組みを（　　　）という。　→ P194

A15 三権分立

Q16 アメリカの大統領は法案への拒否権をもち、（　　　）によって法律の制定を促す。　→ P195

A16 教書の送付

Q17 価格の変動を通して、需要と供給のバランスが調整される作用を（　　　）という。　→ P196

A17 市場メカニズム（市場機構）

Q18 完全競争市場にて、需要曲線と供給曲線が交わったところで決定される価格を（　　　）という。　→ P196

A18 均衡価格

Q19 （　　　）とは、寡占市場のうち、1社のみが市場を支配している状態である。　→ P196

A19 独占市場

Q20 寡占市場における少数の企業と、その中でも最も力をもつ企業である（　　　）により形成される価格を（　　　）という。　→ P196

A20 プライス・リーダー／管理価格

Q21 （　　　）は、国民が1年間に国内や海外で得た所得を合計したもので、主要統計に使用される。　→ P198

A21 国民総所得（GNI）

Q22	累進課税など、財政制度に組み込まれている自動的に景気を安定させるしくみを（　　　）という。 ➡P199	A22	自動安定化機能（ビルト・イン・スタビライザー）
Q23	租税原則には、公平の原則、（　　　）の原則、中立の原則がある。 ➡P199	A23	簡素
Q24	所得税や法人税、相続税など、納税義務者と税負担者が同一の税を（　　　）という。 ➡P199	A24	直接税
Q25	地域的経済連合のうち、（　　　）は、環太平洋地域の国々による経済連合協定である。 ➡P201	A25	環太平洋パートナーシップ協定（TPP）
Q26	憲法第28条が保障する（　　　）、団体交渉権、（　　　）の3つの権利を労働三権という。 ➡P202	A26	団結権／団体行動権（争議権）
Q27	（　　　）は、採用や昇進、解雇などに対し、性別を理由にした差別を禁止する法律である。 ➡P203	A27	男女雇用機会均等法
Q28	フランスのケネーが『経済表』で唱えた農業のみを富の源であるとする経済思想を（　　　）という。 ➡P204	A28	重農主義
Q29	アダム・スミスやマルサスが属し、資本主義経済を最初に研究して市場メカニズムや労働価値説を唱えたイギリスの経済学派を（　　　）という。 ➡P204	A29	古典派経済学
Q30	銀行が預金と貸し出しを連鎖的に繰り返すことでお金が増えていくしくみを（　　　）という。 ➡P206	A30	信用創造
Q31	日本銀行が行う代表的な金融政策には、支払（預金）準備率操作、（　　　）、（　　　）がある。 ➡P207	A31	公開市場操作（オープン・マーケット・オペレーション）／公定歩合操作

第 4 章

実力チェック問題

国語

1 下線部の漢字表記について正しいものはどれか。

（長崎県・2020 年度改題）

①ゴミを<u>収拾</u>する ②水門を<u>解放</u>する ③学生を<u>対照</u>としたアンケート
④<u>時季</u>はずれの桜が咲く

2 次の下線部について、正しい漢字を下の①〜④から１つ選びなさい。

（青森県・2019 年度改題）

急速に力をつけた<u>シンコウ</u>勢力によって、次々と倒される。

①新攻 ②新興 ③振攻 ④振興

3 次の四字熟語のうち「落ち着いていて、何事にも動じないこと」を意味する語句を①〜④から選び、番号で答えよ。

（神戸市・2019 年度改題）

①温故知新 ②捲土重来 ③泰然自若 ④傍若無人

4 「目が」の後に言葉を続けて、「見分ける力がある」という意味の慣用句にする場合、後に続ける言葉として適切でないものを①〜④から１つ選びなさい。

（青森県・2019 年度改題）

①利く ②高い ③無い ④肥える

5 下線部の敬語の使い方が最も適当なものを、次の①〜⑤までの中から１つ選び、記号で答えよ。

（沖縄県・2020 年度改題）

①私は先ほど<u>召し上がり</u>ました。 ②質問のある方は<u>申し上げて</u>ください。
③社長が、社員に向けて<u>挨拶いたした</u>。 ④お客様が商品を<u>ご覧になられる</u>。
⑤後ほど私の父が<u>伺います</u>。

6 次の文章の下線部の意味として適切なものを、次の①〜④から１つ選びなさい。 （兵庫県・2019 年度改題）

その竹の中に、もと光るなむ一筋ありける。<u>あやしがりて</u>、寄りて見るに、筒の中光りたり。それを見れば、三寸ばかりなる人、いとうつくしうてゐたり。

①不思議に思って　　②疑いをもって　　③おもしろがって　　④喜んで

7 次に挙げる文学作品のうち、平安時代の代表的なものはどれか。次の①〜⑤から１つ選びなさい。 （茨城県・2019 年度改題）

①平家物語　　②土佐日記　　③方丈記　　④徒然草　　⑤古事記伝

8 次のうち、森鷗外の作品を①〜④から選び、番号で答えよ。 （神戸市・2018 年度改題）

①夜明け前　　②刺青　　③五重塔　　④阿部一族

日本史

9 平安時代の出来事に関する記述として、最も適当なものはどれか。 （沖縄県・2019 年度改題）

①鳥羽天皇は、1086 年に堀河天皇に譲位したが、上皇として 40 年以上政務を執った。

②桓武天皇は、794 年に藤原京から平安京に遷都。蝦夷追討のため、坂上田村麻呂を征夷大将軍として派遣した。

③藤原氏は、自分の娘を天皇の后にし、外戚として摂政、関白の重職を独占。特に藤原道長、忠通父子は絶大な権力を握った。

④菅原道真は、894 年に遣唐使の派遣計画に対し中止を申し立てた。その後、遣唐使廃止によって栄えた文化を国風文化とよぶ。

⑤平清盛は、外戚として権力を振るい、武士として初の太政大臣に就任。大輪田泊を修築し、日明貿易を推進した。

10 鎌倉幕府の支配機構に関する記述で正しいものはどれか。

（長崎県・2019 年度改題）

①問注所は、幕府の政務を扱い、後に政所となった。

②御家人の統制などの軍事を司る侍所がおかれた。

③主に相続や争いなどの裁判を行う公文所がおかれた。

④京都所司代は、天皇の守護にあたるとともに監視もした。

11 次の①、②は、江戸時代の歴史に関して述べたものである。その正誤の組み合わせとして正しいものを、下の**ア～エ**から 1 つ選び、記号で答えよ。

（山梨県・2018 年度改題）

①江戸幕府 8 代将軍の徳川吉宗による改革政治を享保の改革という。
②歌川広重や葛飾北斎などの浮世絵が栄えた町人文化を元禄文化という。

ア ①正 ②正　　**イ** ①正 ②誤　　**ウ** ①誤 ②正　　**エ** ①誤 ②誤

12 次の文を読んで、下線部の内容としてあてはまるものを下の①～④から 1 つ選び、記号で答えよ。

（青森県・2019 年度改題）

五箇条の誓文が発布された 1868 年以降、明治政府は近代化のための<u>さまざまな政策</u>を推し進めた。

①四民平等により、士農工商の身分制度を廃止。新たに華族、士族、平民に分類された。

② 1872 年、新橋ー名古屋間の鉄道が開通。郵便制度や紡績工場が整備されるなどの殖産興業を行った。

③ 1873 年、富国強兵をスローガンに掲げ、満 20 才以上の男子に兵役を義務づける兵役法を施行した。

④外務大臣の大隈重信は、不平等条約改正を目的とした欧化政策を実施した。

13 次の文のうち、適切なものを①〜④から選び、記号で答えよ。
（神戸市・2020 年度改題）

①明治時代に東学党の乱を契機に日清戦争が開戦。日本が勝利し、ポーツマス条約を締結した。

②飛鳥時代に推古天皇の補佐として厩戸王が政治を開始。阿倍仲麻呂などを遣唐使として唐に派遣した。

③戦国時代は、室町幕府 8 代将軍足利義政の後継者争いや、細川勝元と山名持豊の対立などが火種となった応仁の乱を契機に始まった。

④大正時代に第 1 次世界大戦が勃発。日本は日英同盟に基づき、同盟国側として参戦した。

世界史

14 中国の漢に関する記述として、最も適当なものはどれか。
（沖縄県・2019 年度改題）

①赤眉の乱によって新が滅びた後、煬帝により漢王朝である後漢が再興した。

②漢の時代、劉邦は秦の時代より続く郡国制を改め、郡県制による統治を開始した。

③大規模な農民反乱である安史の乱が勃発し、漢王朝は滅亡した。

④紀元前 202 年、農民出身の劉邦と項羽との争いの結果、劉邦が勝利し、大都を都とする漢が建国された。

⑤漢の時代、中央集権化の徹底を図るため、7 代皇帝の武帝によって元号の制定や暦の改革が行われた。

15 アメリカの植民地軍とイギリス本国軍との独立戦争の講和条約として正しいものはどれか。
（長崎県・2020 年度改題）

①サンフランシスコ講和条約　　②ローザンヌ条約
③パリ条約　　　　　　　　　　④ロカルノ条約

16 1914 年に開戦した第 1 次世界大戦の講和条約として正しいものはどれか。 （長崎県・2020 年度改題）

①ポーツマス条約　　②ベルリン条約　　③ウェストファリア条約
④ヴェルサイユ条約

17 正しいものはいくつありますか。 （長野県・2020 年度改題）

ア 安土桃山時代、狩野派の障壁画や千利休による侘び茶など、豪華で壮大な気風が特徴の化政文化が興った。

イ 1789 年、パリ市民がバスティーユ牢獄を襲撃したことにより革命が勃発。国民公会は国王ルイ 16 世と王妃マリー・アントワネットを処刑した。

ウ 鎌倉時代、8 代執権である北条泰時のときに、文永の役、弘安の役と 2 度にわたり元からの襲撃を受けた。

エ 19 世紀末、ドイツのヴィルヘルム 2 世により、アフリカの南北を押さえる 3C 政策が推進された。

オ 1937 年、中国で柳条湖事件がおこり、日中戦争が勃発。日本は不拡大方針を声明しつつも派兵を行った。

①1つ　　②2つ　　③3つ　　④4つ　　⑤5つ

18 正しいものはいくつありますか。 （長野県・2020 年度改題）

ア 東西冷戦中の 1948 年、ソ連は西ドイツから西ベルリンに向かう全ての交通を遮断するベルリン封鎖を行った。

イ 奈良時代、元明天皇は鎮護国家の思想に基づいて全国に国分寺、国分尼寺を設置し、その大本山として都に東大寺大仏殿を建立した。

ウ 紀元前 27 年、カエサルの養子コンスタンティヌスがローマ帝国の初代皇帝に即位し、帝政を敷いた。

エ 戦国時代、スペイン出身のフランシスコ・ザビエルが鹿児島に来航し、日本に初めてキリスト教を伝えた。

オ 1095年、ローマ教皇ウルバヌス2世が聖地エルサレム奪還を呼びかけ、翌年には第1回十字軍遠征を実施した。

①1つ　②2つ　③3つ　④4つ　⑤5つ

倫理

19 フランスの思想家に関する記述の**ア**、**イ**にあてはまる思想家名の組み合わせとして、正しいのはどれか。

（沖縄県・2018年度改題）

（　**ア**　）は、知識は人間に先天的に備わっている理性の働きによって生まれるという合理論を唱え、明白な真理から個々の結論を導き出す演繹法を生み出し、フランス近代哲学の第一人者となった。また、何事も疑う方法的懐疑により、疑っている自己の存在こそが真理であるとした。

（　**イ**　）は、（　**ア**　）と同時代のフランスの思想家であり、数学や物理学など、あらゆる分野において活躍。遺著『パンセ』において、「人間は考える葦である」として、人間は自らの卑小さを自覚できる点で偉大であると主張した。

	ア	**イ**		**ア**	**イ**
①	デカルト	パスカル	②	サルトル	パスカル
③	デカルト	サルトル	④	サルトル	デカルト
⑤	パスカル	デカルト			

20 次の記述に関連する人物を（　**A**　）～（　**D**　）の中から選んだ組み合わせとして、最も適当なものはどれか。

（沖縄県・2019年度改題）

江戸時代、従来の儒学から派生して朱子学、陽明学などの新儒学が誕生。後代の解釈によって生まれたこれらの儒学に対し、孔子や孟子などの原典に帰すべきだと主張する「古学」が生まれた。

（**A**）　石田梅岩　（**B**）　林羅山　（**C**）　荻生徂徠　（**D**）　伊藤仁斎

①A、B　②A、C　③A、D　④B、C　⑤C、D

21 正しい組み合わせはいくつありますか。

（長野県・2019 年度改題）

ア 最澄―天台宗を興し、「一切衆生悉有仏性」を唱えた。

イ 厩戸王―「憲法十七条」を制定。神道と仏教を融合させ、君主に対する道徳的規範を示した。

ウ 親鸞―ひたすら坐禅をする只管打坐を唱えた。

エ 栄西―浄土系仏教が説く他力信仰を批判し、公案を主張した。

オ 日蓮―加持祈祷で国家の平安を祈る「真言宗」を開いた。

　①1つ　②2つ　③3つ　④4つ　⑤5つ

地理

22 次に示すのは、日本の伝統的工芸品と、それが製造されている都道府県の組み合わせである。誤っている組み合わせをA〜Dから1つ選び、さらに正しい都道府県名を①〜④から選んで答えよ。

（山梨県・2018 年度改題）

A　西陣織　　京都府
B　山鹿灯籠　福島県
C　信楽焼　　滋賀県
D　小千谷縮　新潟県

　①岩手県　②岐阜県　③奈良県　④熊本県

23 ロンドンと明石市の時差は9時間である。両地点の経度の差を答えよ。

（神戸市・2018 年度改題）

　① 120 度　② 125 度　③ 130 度　④ 135 度　⑤ 140 度

24 次の**A〜E**の説明が表す国名の組み合わせとして正しいものを①〜⑥から選んで答えよ。　　　　（群馬県・2018年度改題）

A 総人口の約9割がイスラム教徒で、その人口は世界最大である。

B 2020年にEU（欧州連合）を脱退した。

C 首都をリヤドに置き、日本にとって最大の石油輸出国である。

D ラプラタ川流域に、世界有数の小麦生産地であるパンパが広がる。

E 首都をアブジャに置き、人口はアフリカの国の中で最大である。

①**A**パキスタン　**B**ギリシャ　**C**サウジアラビア　**D**アルゼンチン
　Eアルジェリア
②**A**パキスタン　**B**イギリス　**C**サウジアラビア　**D**ブラジル
　Eアルジェリア
③**A**パキスタン　**B**ギリシャ　**C**アラブ首長国連邦　**D**ブラジル
　Eナイジェリア
④**A**インドネシア　**B**ギリシャ　**C**アラブ首長国連邦　**D**アルゼンチン
　Eアルジェリア
⑤**A**インドネシア　**B**イギリス　**C**サウジアラビア　**D**アルゼンチン
　Eナイジェリア
⑥**A**インドネシア　**B**イギリス　**C**アラブ首長国連邦　**D**ブラジル
　Eナイジェリア

25 温帯の様子を示した内容として、適切なものを①〜⑤からすべて選べ。　　　　（青森県・2018年度改題）

①昼夜の気温差が大きい。

②1年中気温が高く、降水量が多い。

③四季があるのが特徴の1つである。

④ステップ気候が属する。

⑤地中海洋性気候が属する。

26 日本の地図記号で裁判所を表すものを①～④から選んで答えよ。

（神戸市・2019 年度改題）

① △（三角に縦線） ② ◇（ひし形に縦線） ③ ┳（T字型） ④ ⚭（丸の上に点）

芸術

27 正しいものはいくつありますか。

（長野県・2020 年度改題）

ア フランスの画家ミケランジェロは『大公の聖母』など、特に聖母子を多く描いたルネサンス期を代表する画家である。

イ イタリアの画家、ルノワールの代表作は『夜警』や『テュルプ博士の解剖学講義』など明暗対比を効果的に用いた作品が多い。

ウ シュルレアリスムの画家ピカソは、『アビニョンの女たち』『考える人』などの代表作がある。

エ 昭和の画家である黒田清輝には『海の幸』などの代表作がある。

オ 美人画の大家と呼ばれた喜多川歌麿は『婦女人相十品』の『ポッピンを吹く娘』などが有名である。

①1つ　②2つ　③3つ　④4つ　⑤5つ

28 『最後の審判』『天地創造』などの代表作がある画家は誰か。

（長崎県・2018 年度改題）

①ルノワール　②レオナルド・ダ・ヴィンチ　③レンブラント
④ミケランジェロ

29 正しいものはいくつありますか。

ア　ハンガリーの作曲家シューベルトは、ピアノの魔術師と呼ばれ『ラ・カンパネラ』などを作曲した。

イ　オーストリアの作曲家モーツァルトは、幼いころから作曲の才能を発揮し、『トルコ行進曲』やオペラ『魔笛』などを作曲した。

ウ　滝廉太郎は、高野辰之が作詞した『春の小川』や『ふるさと』など、小学校歌唱共通教材を多く作曲した。

エ　Adagio は「ゆるやかに」を意味する演奏に関する記号である。

オ　2 分音符、4 分音符、16 分音符のうち、一番長いのは 16 分音符である。

①1つ　　②2つ　　③3つ　　④4つ　　⑤5つ

英語

30 次の対話文の（　　）に入る語として適するものを次の①〜④の中から1つ選び、番号で答えよ。　（長崎県・2019 年改題）

A：You don't look well. I'll take you to a hospital.
B：Thanks, I（　　）it.

①have　　②appreciate　　③make　　④feel

31 次の英文を、「百聞は一見にしかず」ということわざの意味の文にするとき（　　）にあてはまるものとして最も適当なものを、次の①〜⑤の中から1つ選び、記号で答えよ。

Seeing is（　　）.

①thinking　　②doing　　③running　　④believing　　⑤passing

次の（1）～（3）の対話について、（ ① ）～（ ③ ）に該当する英文の組み合わせとして、正しいものはどれか。下の a ～ e から 1 つ選びなさい。　　　　（高知県・2019 年改題）

（1）　**A** : I'll go to the pharmacy this afternoon. Do you want anything?
　　　B : Yes. I'd like some hand cream.
　　　A : OK. （　　　　① 　　　　）
　　　B : No, thank you.

（2）　**A** : Would you mind if I turn the TV on?
　　　B : Well, I'm studying for the examination.
　　　A : Oh, I'm sorry to disturb you.
　　　B : （　　　　② 　　　　）

（3）　**A** : What do you study at the university?
　　　B : I study chemistry. （　　　　③ 　　　　）.
　　　A : My major is politics.

a ① No problem.
　　② Anything else?
　　③ How about you?

b ① No problem.
　　② How about you?
　　③ Anything else?

c ① How about you?
　　② No problem.
　　③ Anything else?

d ① Anything else?
　　② No problem.
　　③ How about you?

e ① Anything else?
　　② How about you?
　　③ No problem.

自然科学

数学

1 下の図のような三角形 ABC があり、点Oは三角形 ABC の外接円の中心である。∠BOC＝110°、∠ABO＝30°である場合、∠ACO は何度か。 （長崎県・2020 年度改題）

① 20°　② 24°　③ 25°　④ 30°

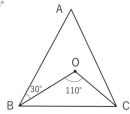

2 $x+y=-1$、$xy=-6$ のとき、x^2+y^2 の値として最も適当なものはどれか。 （沖縄県・2019 年度改題）

①－4　②－7　③9　④13　⑤16

3 0 ～ 4 の数字から異なる 3 個の数字を取って並べるとき、3 桁の整数は何個できるか。 （長野県・2020 年度改題）

① 12 個　② 16 個　③ 18 個　④ 24 個　⑤ 48 個

4 子どもたちにあめを配る。1 人 13 個ずつ配ると 7 個余る。1 人 15 個ずつ配ると、5 個足りなくなる。このときの子どもの人数とあめの個数を求め、正しいものを選びなさい。

（長野県・2020 年度改題）

①子ども 5 人　　あめ 64 個　　②子ども 6 人　　あめ 85 個
③子ども 7 人　　あめ 86 個　　④子ども 8 人　　あめ 97 個
⑤子ども 9 人　　あめ 108 個

5 次の放物線を表す式は、次の①〜⑤のうちどれか。最も適当なものを選びなさい。 （山梨県・2018 年度改題）

① $y=x^2+6x+8$
② $y=x^2-x-2$
③ $y=-x^2-x-2$
④ $y=-x^2+6x+8$
⑤ $y=x^2+2$

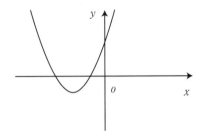

物理

6 10Ωの抵抗を3つ直列で接続したときの合成抵抗の値として正しいものはどれか。 （群馬県・2019 年度改題）

① 3Ω　　② 10Ω　　③ 15Ω　　④ 30Ω　　⑤ 45Ω

7 次の（　　　）にあてはまる適切な語を①〜④から選び、番号で答えよ。 （神戸市・2019 年度改題）

コイルのそばで磁石を動かすと（　　　）が見られる。（　　　）は、発電機などに利用されている。

①超電導　　②電磁誘導　　③静電気　　④真空放電

8 川の上の橋から小石を静かに落下させたところ、4秒後に川の水面に着くのが見えた。橋は水面から何mの高さか。ただし、重力加速度は 9.8m/s² とする。 （群馬県・2018 年度改題）

① 25.8m　　② 39.2m　　③ 44.1m　　④ 61.6m　　⑤ 78.4m

9 ばね定数が 26N/m と 34N/m の２本のばねを直列にして、質量 0.6kg のおもりをつるし、これを１本のばねとみなすときのばね定数として最も正しい数値を選べ。

(山梨県・2019 年度改題)

① 11.6　② 14.7　③ 18.6　④ 20.4　⑤ 22.5

10 次の波動に関する説明のうち、誤っているものを１つ選んで答えよ。

(長崎県・2020 年度改題)

①音波は、空気分子を揺らすことで伝わる波である。
②ドップラー効果により、音の高さが違って聞こえる場合がある。
③光の全反射を利用したものの１つに、光ファイバーがある。
④音や電波など、波動の変異の最大値を波長という。

化学

11 次のうち、最もイオン化傾向が大きい物質として正しいものはどれか。

(沖縄県・2020 年度改題)

①カルシウム　②ニッケル　③鉄　④銅

12 メタン（CH_4）と酸素（O_2）が反応することによって二酸化炭素（CO_2）と水（H_2O）が生成される場合の化学反応式として最も正しいものを選べ。

(山梨県・2018 年度改題)

① $2CH_4+O_2 \rightarrow 2CO_2+H_2O$　　② $2CH_4+O_2 \rightarrow CO_2+2H_2O$
③ $CH_4+4O_2 \rightarrow 2CO_2+4H_2O$　　④ $CH_4+2O_2 \rightarrow CO_2+2H_2O$
⑤ $CH_4+2O_2 \rightarrow 2CO_2+H_2O$

13 次の**ア～オ**のうち、BTB を混ぜたときに青色に変化する水溶液として、正しい組み合わせはどれか。(群馬県・2019 年度改題)

ア 石灰水　　**イ** クエン酸　　**ウ** 食塩水
エ 水酸化カリウム水溶液　　**オ** アルコール水

①ア イ　②ア エ　③イ ウ　④ウ オ　⑤エ オ

14 ニッケルに塩酸をかけたときに発生する気体として正しいものはどれか。 （長崎県・2020年度改題）

①酸素　②二酸化炭素　③水素　④窒素　⑤アンモニア

15 水とエタノールが混ざった水溶液から、エタノールを分離して得る方法として最も適当なものを選べ。 （沖縄県・2019年度改題）

①ろ過　②再結晶　③昇華　④融解　⑤蒸留

16 物質の構成や分類に関する記述として、最も適当なものを選べ。 （沖縄県・2018年度改題）

①原子核は正電荷をもつ中性子と電荷をもたない陽子からなる。
②物質の質量数は、陽子と電子の数により決まる。
③電子は、陽子に比べて質量が小さい。
④2種類以上の元素に分解できる物質を混合物という。

17 質量数9のベリリウム原子がもつ中性子の数として、最も適当なものはどれか。 （沖縄県・2019年度改題）

①4　②5　③9　④13　⑤15

生物

18 ある両親から生まれたふたりの子どもの血液型がA型とO型だった場合、両親の血液型の組み合わせとして最も適当なものを選んで答えよ。 （沖縄県・2018年度改題）

①両親ともAB型　②A型とAB型
③A型とB型　④両親ともO型

19 栄養生殖によって個体を増やすものを選んで答えよ。

（長崎県・2020 年度改題）

　　①サツマイモ　　②アメーバ　　③酵母菌　　④サクランボ　　⑤コケ

20 次の**ア〜エ**の細胞小器官の名称と、それらと関係の深い**A〜F**の機能の組み合わせとして最も適当なものはどれか。

（沖縄県・2018 年度改題）

ア　細胞膜　　**イ**　リボソーム　　**ウ**　葉緑体　　**エ**　ミトコンドリア

A　植物の体を支え、細胞を保護、維持する。
B　植物がこの器官で光合成を行う。
C　タンパク質の合成を行う。
D　細胞内外の物質の出入りを調節する。
E　遺伝子情報をもつ DNA がある。
F　ATP をつくり出す呼吸の場である。

　　①ア − A　イ − C　ウ − B　エ − D
　　②ア − D　イ − C　ウ − B　エ − F
　　③ア − D　イ − F　ウ − A　エ − C
　　④ア − D　イ − F　ウ − A　エ − E
　　⑤ア − A　イ − E　ウ − B　エ − F

21 次の**ア〜エ**のうち、生物の特徴について説明した文として正しいものの組み合わせはどれか。　（群馬県・2019 年度改題）

ア　全ての生物には細胞壁がある。
イ　葉緑体は、光合成を行う場である。
ウ　ゴルジ体は、動物細胞にのみある細胞小器官である。
エ　生殖細胞がつくられる際、細胞は減数分裂を行う。

　　①ア　イ　　②ア　ウ　　③イ　ウ　　④イ　エ　　⑤ウ　エ

22 体内の血糖量が増えたときのヒトの臓器の働きについて正しく説明した文章を選べ。 （長崎県・2019 年度改題）

①全身の血液の循環が早くなる。
②すい臓からグルカゴンが分泌される。
③赤血球が糖を分解する。
④副腎髄質からアドレナリンが分泌される。
⑤すい臓からインスリンが分泌される。

地学

23 太陽の大気のうち、最も多くを占める気体として正しいものはどれか。 （沖縄県・2019 年度改題）

①ヘリウム　　②酸素　　③水素　　④窒素

24 化石に関する記述の（　**ア**　）から（　**ウ**　）に当てはまる語句の組み合わせとして最も適当なものを次の①～⑤の中から１つ選び、記号で答えよ。 （沖縄県・2020 年度改題）

サンゴなどのように、（　**ア**　）は当時の環境を知る手がかりとなる、ある特定の環境の中で（　**イ**　）生きてきた生物の化石である。（　**ア**　）の他の例として（　**ウ**　）がある。

①**ア**－示相化石　　**イ**－長い期間　　**ウ**－シジミ
②**イ**－示準化石　　**イ**－長い期間　　**ウ**－シジミ
③**ウ**－示相化石　　**イ**－短い期間　　**ウ**－ビカリア
④**エ**－示準化石　　**イ**－短い期間　　**ウ**－シジミ
⑤**オ**－示相化石　　**イ**－長い期間　　**ウ**－ビカリア

25 季節による太陽の南中高度の変化に影響を与えるものとして最も正しいものを選べ。 （神戸市・2018 年度改題）

①地球の自転　　②地球の公転　　③月の自転　　④月の公転
⑤地球の地軸の傾き

26 日本の大気の変化に関する記述の **A ～ C** に当てはまる語句の組み合わせとして、最も適当なものを選べ。

（沖縄県・2018 年度改題）

冬は（ **A** ）が発達し、（ **B** ）型の気圧配置になる。夏は（ **C** ）が日本を覆い、高温多湿になる。

① A　シベリア高気圧　　　 B　南高北低　　 C　移動性高気圧
② A　シベリア低気圧　　　 B　西高東低　　 C　太平洋高気圧
③ A　オホーツク海高気圧　 B　西高東低　　 C　移動性高気圧
④ A　オホーツク海高気圧　 B　南高北低　　 C　太平洋高気圧
⑤ A　シベリア高気圧　　　 B　西高東低　　 C　太平洋高気圧

27 下図は、ある地震について、震源からの距離と P 波、S 波が届いた時刻との関係を示すグラフである。グラフから分かることとして、正しいものはどれか。　（群馬県・2018 年度改題）

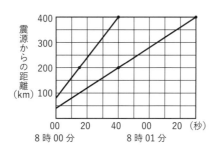

① P 波の速度は 4 km/ 秒である。
② S 波の速度は P 波の速度の 1.5 倍である。
③ 地震が発生した時刻は 7 時 59 分 45 秒である。
④ 震源から 400km の地点の初期微動継続時間は 50 秒間である。
⑤ 震源からの距離が 2 倍になると、初期微動継続時間は 3 倍になる。

28 次の単位のうちデータ容量が最も小さいのはどれか。

（長崎県・2019 年度改題）

① 1 EB　　② 1 TB　　③ 1 KB　　④ 1 MB

29 デジタル市場で「基盤を提供する者」という意味の「プラットフォーマー」と呼ばれる巨大企業 4 社の頭文字をまとめた言葉を①～④から選び、番号で答えよ。（神戸市・2019 年度改題）

① GAFA　　② OPEC　　③ NATO　　④ EAEC

30 IT 企業と金融機関が連携・協働しながら IT を活用して行う革新的な金融サービスを提供することを表す言葉として適切なものを①～④から選び、番号で答えよ。

（神戸市・2019 年度改題）

① SSL　　② FinTech　　③ C to C　　④ ITS

31 「AI」を表すものとして、正しいものを①～④から選び、記号で答えよ。（神戸市・2017 年度改題）

① Artistical Intelligence
② Artificially Intelligencer
③ Arcking Intelligencer
④ Artificial Intelligence

社会科学

政治

1 日本の選挙制度について説明したものとして正しいものを選べ。 （群馬県・2018 年度改題）

①衆議院議員選挙では、議員の半数を 3 年ごとに改選する。

②衆議院議員選挙は、6 年間の任期の満了または衆議院の解散によって行われる。

③衆議院議員選挙は小選挙区制と比例代表制を併用する形で行われる。

④参議院議員選挙の被選挙権の要件は、25 歳以上の日本国民であることである。

⑤期日前投票の投票期間は、告示日から選挙期日の前日までである。

2 次の**ア～エ**のうち、日本国憲法で国民に保障される基本的人権の中で、自由権に当てはまる組み合わせとして、正しいものを選べ。 （群馬県・2019 年度改題）

ア 国民が政治に参加できる権利
イ 特定の宗教を信じる、または信じない権利
ウ すべての国民が、人間らしく生活する権利
エ 自分の意志で居住場所や職業選択をする権利

①ア ウ ②イ ウ ③イ エ ④ア エ

3 日本は 1954 年より途上国に対し経済的な支援を行い、さまざまな問題解決に努めてきた。こうした政府による資金や技術の提供による協力の略称として正しいものを次の①～⑤から選べ。 （高知県・2018 年度改題）

① FTA ② PKO ③ ILO ④ IMF ⑤ ODA

4 有権者が 1 万 5000 人いる日本の地方自治体で、条例の改廃を行うために必要な署名数と請求先として正しい組み合わせを①～⑤から選べ。 （長崎県・2018 年度改題）

①**署名数**－5000 人以上　　**請求先**－首長
②**署名数**－5000 人以上　　**請求先**－議会
③**署名数**－300 人以上　　**請求先**－首長
④**署名数**－300 人以上　　**請求先**－議会
⑤**署名数**－300 人以上　　**請求先**－選挙管理委員会

5 日本の内閣について述べた文として誤っているものはどれか。 （長崎県・2019 年度改題）

①行政権の行使について、国会に対し連帯して責任を負う。
②国会の召集の決定や衆議院の解散を行う。
③国務大臣の過半数は、国会議員の中から選ばれなければならない。
④内閣総理大臣は国務大臣を指名する。
⑤内閣総理大臣は天皇の指名により、国会が任命する

経済

6 寡占市場および独占に関する記述として適切な内容を示すものを 3 つ選ぶとき、正しい組み合わせはどれか、次の**ア～エ**から 1 つ選びなさい。 （沖縄県・2019 年度改題）

①寡占市場においては、最も力をもつ企業がプライス・リーダーとなって価格を設定し、他の企業がこれに追随して新たな価格が設定されることがあり、これを管理価格という。
②寡占市場における企業は、多くの場合、価格競争ではなく、デザインや品質管理などの価格以外の面での競争によって利潤を拡大しようとする。
③同一産業内の企業が価格や生産量、販売地域などについて協定を結ぶことを、コンツェルンという。
④わが国では、寡占や独占の弊害が国民生活に影響を及ぼすことを防ぐために独占禁止法が定められており、この法律の運用には公正取引委員会があたっている。
⑤1953 年、独占禁止法が改正され、第 2 次世界大戦後の財閥解体以来禁止されていた持ち株会社の設立が可能となった。

ア ①②③　イ ①②④　ウ ②③④　エ ③④⑤

7 国民経済の活動水準を表す指標に関する記述として、誤っているものはどれか。 （沖縄県・2018 年度改題）

①国内総生産（GDP）は、総生産額から中間生産物の総額を控除し、海外からの純所得を加えたものである。
②経済活動水準を示す指標として、今日では国民総生産よりも国民総所得が用いられることが多い。
③国民純生産（NNP）は、国民総生産から減価償却費を控除したものである。
④国民所得（NI）は、国民純生産から間接税を控除し、補助金を加えたものである。
⑤名目経済成長率〔％〕は、本年度名目 GDP から前年度名目 GDP を控除し、前年度名目 GDP で割ったものに 100 をかけることで計算される。

8 日本の税金には直接税と間接税がある。直接税にあたるものを、次の**ア〜エ**から 1 つ選び、記号で記せ。 （山梨県・2019 年度改題）

ア　消費税　　イ　揮発油税　　ウ　贈与税　　エ　酒税

9 国際金融や通貨価値、為替相場の安定化を目的に、1945 年に設立された国際機関はどれか。 （群馬県・2019 年度改題）

① APEC　　② UNCTAD　　③ EU　　④ IMF　　⑤ WHO

10 次の文章の①、②に入る語の組み合わせとして最も適当なものを、次の**ア〜エ**から 1 つ選び、記号で答えよ。 （鹿児島県・2021 年度改題）

日本銀行は、物価の変動をおさえ、景気の安定化を図るために金融政策を行う。
例えば、不景気のときには、（　①　）オペレーションを行い、市中金融機関による家計や企業への貸し出しを（　②　）させる。

ア　①買い　②減少　　イ　①買い　②増加
ウ　①売り　②減少　　エ　①売り　②増加

実力チェック問題　答え

人文科学

国語

1	④	(➡ P12)
2	②	(➡ P12)
3	③	(➡ P16)
4	③	(➡ P18)
5	⑤	(➡ P20)
6	①	(➡ P22)
7	②	(➡ P24)
8	④	(➡ P26)

日本史

9	④	(➡ P36)
10	②	(➡ P34)
11	イ	(➡ P28)
12	①	(➡ P30)
13	③	(➡ P32)

世界史

14	⑤	(➡ P50)
15	③	(➡ P44)
16	④	(➡ P46)
17	①	(➡ P44)
18	③	(➡ P32・48・52)

倫理

19	①	(➡ P60)
20	⑤	(➡ P66)
21	③	(➡ P64)

地理

22	B－④	(➡ P70)
23	④	(➡ P82)
24	⑤	(➡ P73)
25	③⑤	(➡ P82)
26	①	(➡ P84)

芸術

27	①	(➡ P91)
28	④	(➡ P86)
29	②	(➡ P93)

英語

30	②	(➡ P96)
31	④	(➡ P104)
32	d	(➡ P96)

自然科学

数学

1	③	(➡ P114)
2	④	(➡ P116)
3	⑤	(➡ P118)
4	②	(➡ P120)
5	①	(➡ P122)

物理

6	④	(➡ P126)
7	②	(➡ P126)
8	⑤	(➡ P128)
9	②	(➡ P130)
10	④	(➡ P132)

化学

11	①	(➡ P136)
12	④	(➡ P138)
13	②	(➡ P142)
14	③	(➡ P142)
15	⑤	(➡ P144)
16	③	(➡ P144)
17	②	(➡ P144)

生物

18	③	(➡ P146)
19	①	(➡ P146)
20	②	(➡ P148)
21	④	(➡ P148)
22	⑤	(➡ P152)

地学

23	③	(➡ P156)
24	①	(➡ P158)
25	②	(➡ P160)
26	⑤	(➡ P162)
27	④	(➡ P164)

情報

28	③	(➡ P166)
29	①	(➡ P171)
30	②	(➡ P171)
31	④	(➡ P171)

社会科学

政治

1	③	(➡ P180・190)
2	③	(➡ P182)
3	⑤	(➡ P185)
4	③	(➡ P188)
5	⑤	(➡ P190)

経済

6	イ	(➡ P196)
7	①	(➡ P198)
8	ウ	(➡ P198)
9	④	(➡ P200)
10	イ	(➡ P206)

索引

人文科学

あ 芥川龍之介 …………………… 26
　　足利尊氏 ……………………… 35
　　足利義満 ……………………… 35
　　有島武郎 ……………………… 26
　　アリストテレス ……………… 62
　　在原業平 ……………………… 24
　　アレクサンドロス …………… 57
　　安全保障理事会 ……………… 77
　　石川啄木 ……………………… 26
　　糸魚川静岡構造線 …………… 68
　　伊藤仁斎 ……………………… 66
　　犬養毅 ………………………… 39
　　井原西鶴 ……………………… 25
　　井伏鱒二 ……………………… 27
　　歌川広重 ………………… 29・91
　　厩戸王 …………………… 43・64
　　永世中立国 …………………… 75
　　永楽帝 ………………………… 51
　　エリザベス1世 ……………… 55
　　王権神授説 …………………… 55
　　大江健三郎 …………………… 27
　　小笠原気団 …………………… 71
　　尾形光琳 ……………………… 91
　　オクタヴィアヌス …………… 57
　　尾崎紅葉 ……………………… 26
　　小野小町 ……………………… 24
　　オホーツク海気団 …………… 71
か カール大帝 ……………………… 52
　　係り結び ……………………… 22
　　学制 …………………………… 30
　　化政文化 ……………………… 29
　　葛飾北斎 ………………… 29・91
　　川端康成 ……………………… 26
　　鑑真 …………………………… 36
　　寛政の改革 …………………… 28
　　カント ………………………… 60
　　桓武天皇 ……………………… 36
　　喜多川歌麿 …………………… 91
　　北原白秋 ……………………… 26
　　キューバ危機 ………………… 48
　　享保の改革 …………………… 28
　　空海 ……………………… 36・64
　　グレゴリウス7世 …………… 53
　　黒田清輝 ……………………… 92
　　クロムウェル ………………… 44
　　経験論 ………………………… 60
　　謙譲語 ………………………… 21
　　乾隆帝 ………………………… 51
　　元禄文化 ……………………… 29
　　孔子 …………………………… 62
　　光武帝 ………………………… 50
　　合理論 ………………………… 60
　　呼応の副詞 …………………… 22
　　五箇条の誓文 ………………… 30
　　国際連合 ……………………… 77
　　小林一茶 ……………………… 25
　　小村寿太郎 …………………… 31
　　ゴルバチョフ ………………… 41
　　コンスタンティヌス帝 ……… 57
さ 再生可能エネルギー …………… 81
　　最澄 ……………………… 36・64
　　サラエヴォ事件 ……………… 47
　　三国同盟 ……………………… 46
　　3C政策 ……………………… 46
　　3B政策 ……………………… 46
　　サンフランシスコ会議 ……… 59
　　シェイクスピア ……………… 27
　　ジェームズ2世 ……………… 44
　　志賀直哉 ……………………… 26
　　始皇帝 ………………………… 50
　　氏姓制度 ……………………… 43
　　十返舎一九 …………………… 25
　　司馬遼太郎 …………………… 27
　　シベリア気団 ………………… 71
　　島崎藤村 ……………………… 26
　　下関条約 ……………………… 31
　　十字軍 ………………………… 53
　　シューベルト ………………… 93
　　朱元璋 …………………… 35・51
　　承久の乱 ……………………… 34
　　聖武天皇 ……………………… 36
　　ショパン ……………………… 94
　　神聖ローマ帝国 ……………… 53
　　菅原道真 ……………………… 37
　　征韓論 ………………………… 31
　　西南戦争 ……………………… 30
　　政令指定都市 ………………… 70
　　ソクラテス …………………… 62
　　尊敬語 ………………………… 21
　　孫文 …………………………… 51
た 太平洋戦争 ……………………… 39

大宝律令 …………………… 43
平清盛 ……………………… 37
滝沢馬琴 …………………… 25
滝廉太郎 …………………… 89
武島羽衣 …………………… 89
太宰治 ……………………… 27
田中義一 …………………… 39
谷崎潤一郎 ………………… 26
田沼意次 …………………… 28
俵屋宗達 …………………… 91
近松門左衛門 …………… 25・29
千島海流 …………………… 69
地租改正条例 ……………… 30
地中海式農業 ……………… 80
チャールズ1世 …………… 44
チャールズ2世 …………… 44
チャイコフスキー ………… 94
朝鮮戦争 …………………… 48
対馬海流 …………………… 69
坪内逍遙 …………………… 26
ツルゲーネフ ……………… 27
丁寧語 ……………………… 21
天安門事件 ………………… 49
天智天皇 …………………… 43
天平文化 …………………… 36
天保の改革 ………………… 29
土井晩翠 …………………… 89
ドイモイ政策 ……………… 73
独立宣言 …………………… 45
ドストエフスキー ………… 27
トマス・ペイン …………… 45
な 永井荷風 …………………… 26
中江藤樹 …………………… 66
中大兄皇子 ………………… 43
夏目漱石 ………………… 26・67
ナポレオン ………………… 45
南蛮貿易 …………………… 32
日独伊三国軍事同盟 ……… 58
日米安全保障条約 ………… 40
日米貿易摩擦 ……………… 41
日中戦争 …………………… 39
日本海流 …………………… 69
ヌルハチ …………………… 51
は パスカル …………………… 60
バッハ ……………………… 94
浜口雄幸 …………………… 39
林羅山 ……………………… 66
パリ協定 …………………… 79

樋口一葉 …………………… 26
菱川師宣 …………………… 91
ビスマルク ………………… 46
標準時子午線 ……………… 68
フェリペ2世 ……………… 55
フォッサマグナ …………… 68
福沢諭吉 …………………… 66
藤原道長 …………………… 37
武帝 ………………………… 50
フビライ・ハン …………… 51
プラトン …………………… 62
フランシスコ・ザビエル … 32
プランテーション農業 …… 80
平城京 ……………………… 36
ヘーゲル …………………… 60
ベートーヴェン …………… 93
ヘミングウェイ …………… 27
ヘンリ8世 ………………… 55
北条時政 …………………… 34
北条時宗 …………………… 34
ポーツマス条約 …………… 31
ポツダム宣言 …………… 39・59
ボッティチェリ …………… 86
本初子午線 ………………… 82
ま 正岡子規 …………………… 26
松尾芭蕉 …………………… 25
松平定信 …………………… 28
満州事変 …………………… 39
ミケランジェロ ………… 54・86
三島由紀夫 ………………… 27
源頼朝 …………………… 34・37
宮沢賢治 …………………… 26
ミュンヘン会談 …………… 58
武者小路実篤 ……………… 26
孟子 ………………………… 62
モーツァルト ……………… 93
本居宣長 ………………… 25・66
モネ ………………………… 87
森鷗外 ……………………… 26
や 山田耕筰 …………………… 89
ヤルタ会談 ………………… 59
煬帝 ………………………… 50
与謝野晶子 ………………… 26
与謝蕪村 …………………… 25
ら ラファエロ ……………… 54・86
リマン海流 ………………… 69
ルター ……………………… 54
ルックイースト政策 ……… 73

ルネサンス …………………………… 54・86
レオナルド・ダ・ヴィンチ ……… 54・86
レンブラント ……………………………… 87
老子 ……………………………………… 62
ローマ教皇 ……………………………… 52
ローマ皇帝 ……………………………… 52
六歌仙 …………………………………… 24

わ 湾岸戦争 ………………………………… 49

A～Z EU（欧州連合）……………………… 49・78
SDGs（持続可能な開発目標）……… 79
UNESCO（国際連合教育科学文化機関）78
WHO（世界保健機関）……………… 49・78

自然科学

あ アボガドロ …………………………… 138
イオン化傾向 ………………………… 136
イオン結合 …………………………… 145
異化 …………………………………… 151
維管束系 ……………………………… 150
1次関数 ……………………………… 122
1次不等式 …………………………… 120
1次方程式 …………………………… 120
因数分解 ……………………………… 117
運動方程式 …………………………… 128
エルニーニョ現象 …………………… 163
円周角 ………………………………… 115
オームの法則 ………………………… 126

か 拡張子 ………………………………… 167
確率 …………………………………… 119
火砕流 ………………………………… 164
価数 …………………………………… 143
火成岩 ………………………………… 158
化石 …………………………………… 159
活断層 ………………………………… 165
カルデラ ……………………………… 164
還元 …………………………………… 136
慣性の法則 …………………………… 128
共有結合 ……………………………… 145
虚像 …………………………………… 132
金属結合 ……………………………… 145
屈折率 ………………………………… 133
組合せ ………………………………… 118
ゲーリュサック ……………………… 138
原子量 ………………………………… 141
減数分裂 ……………………………… 149
合 ……………………………………… 156
紅炎 …………………………………… 157

恒星 …………………………………… 157
合成抵抗 ……………………………… 126
公転 …………………………………… 160
抗力 …………………………………… 130
コペルニクス ………………………… 160
コロナ ………………………………… 157
コンピュータネットワーク ………… 169

さ 作用反作用の法則 …………………… 128
酸化 …………………………………… 136
三平方の定理 ………………………… 115
仕事 …………………………………… 134
指数 …………………………………… 116
実像 …………………………………… 132
自転 …………………………………… 160
周期 …………………………………… 133
周波数 ………………………………… 126
重複受精 ……………………………… 147
順列 …………………………………… 118
衝 ……………………………………… 156
情報システム ………………………… 171
情報セキュリティ …………………… 172
自律神経 ……………………………… 152
人工知能 ……………………………… 171
垂直抗力 ……………………………… 130
静止摩擦力 …………………………… 130
積の法則 ……………………………… 118
赤血球 ………………………………… 152
前線 …………………………………… 162
ソフトウェア ………………………… 168

た 体細胞分裂 …………………………… 149
体積 …………………………………… 125
堆積岩 ………………………………… 158
台風 …………………………………… 163
対立遺伝子 …………………………… 146
中心角 ………………………………… 115
チンダル現象 ………………………… 140
展開 …………………………………… 117
電離度 ………………………………… 143
同位体 ………………………………… 144
同化 …………………………………… 151
動摩擦力 ……………………………… 130
ドップラー効果 ……………………… 133
ドルトン ……………………………… 138

な 2次関数 ……………………………… 122
二次電池 ……………………………… 137
2次不等式 …………………………… 121
2次方程式 …………………………… 120
ニュートンの運動の法則 …………… 128

熱量保存則 ……………………… 135
ネフロン ………………………… 152
は ハードウェア …………………… 168
白血球 …………………………… 152
発生 ……………………………… 147
反射 ………………………… 133・153
ビッグデータ …………………… 171
表皮系 …………………………… 150
表面積 …………………………… 124
ファラデーの法則 ……………… 137
フェーン現象 …………………… 163
フェノールフタレイン ………… 142
物質量 …………………………… 141
プトレマイオス ………………… 160
ブラウン運動 …………………… 140
浮力 ……………………………… 130
ブルースト ……………………… 138
プレートテクトニクス ………… 161
フレミングの左手の法則 ……… 127
プロトコル ……………………… 170
分子量 …………………………… 141
分裂組織 ………………………… 150
平方根 …………………………… 116
変成岩 …………………………… 159
ま マグニチュード ………………… 165
摩擦力 …………………………… 130
ミトコンドリア ………………… 148
無性生殖 ………………………… 147
メチルオレンジ ………………… 142
メディア ………………………… 166
や 有性生殖 ………………………… 147
有理化 …………………………… 116
ら ラボアジエ ……………………… 138
理想気体 ………………………… 140
リボソーム ……………………… 148
わ 和の法則 ………………………… 118
A~Z BTB ……………………………… 142
CPU ……………………………… 167
DNA ………………………… 148・155
HTML …………………………… 170
ICT ……………………………… 172
IP アドレス ……………………… 169
URL ……………………………… 170

安全保障理事会 ………………… 185
違憲立法審査権 ………………… 190
王権神授説 ……………………… 194
か 寡占市場 ………………………… 196
カルテル ………………………… 197
為替相場 ………………………… 200
間接税 …………………………… 199
議院内閣制 ………………… 192・195
基本的人権 ……………………… 182
ケインズ経済学 ………………… 204
公開市場操作 …………………… 207
公共の福祉 ……………………… 184
国際連合 ………………………… 185
コンツェルン …………………… 197
さ 裁判員制度 ……………………… 190
三権分立 …………………… 193・194
市場メカニズム ………………… 196
自動安定化機能 ………………… 199
重商主義 ………………………… 204
重農主義 ………………………… 204
自由貿易 ………………………… 200
信用創造 ………………………… 206
選挙区制度 ……………………… 180
た 地方交付税交付金 ……………… 189
地方債 …………………………… 189
地方税 …………………………… 189
直接税 …………………………… 199
独占市場 ………………………… 196
トラスト ………………………… 197
な 日本銀行 ………………………… 206
は プライス ………………………… 188
ブレトンウッズ体制 …………… 200
保護貿易 ………………………… 200
補正的な財政政策 ……………… 199
ホッブズ ………………………… 194
ま マルクス経済学 ………………… 204
モンテスキュー ………………… 194
ら 両院協議会 ……………………… 192
リンカン ………………………… 195
ルソー …………………………… 194
ロック …………………………… 194
A~Z EPA（経済連携協定）…………… 187
EU（欧州連合）…………… 186・201
FTA（自由貿易協定）…………… 187
GDP（国内総生産）……………… 198
GNI（国民総所得）……………… 198
IMF（国際通貨基金）……… 186・201
PKO（国際連合平和維持活動）…… 187

社会科学

あ アダム・スミス ………………… 204
新しい人権 ……………………… 183

監修者

小泉博明　こいずみ ひろあき

文京学院大学教授。
日本大学大学院総合社会情報研究科博士後期課程修了。博士（総合社会文化）。高校教員、
早稲田大学教育学部非常勤講師、東京大学教養学部非常勤講師などを経て現職。

宮崎猛　みやざき たけし

創価大学大学院教職研究科教授。
早稲田大学教育学研究科博士後期課程単位取得満期退学。高校教員、早稲田大学教育学
部非常勤講師、インディアナ大学客員研究員などを経て現職。

これだけ！　教員採用試験　一般教養
［要点まとめ＆一問一答］

監修者　　小泉博明、宮崎　猛
発行者　　高橋秀雄
発行所　　**株式会社 高橋書店**
　　　　　〒170-6014 東京都豊島区東池袋3-1-1 サンシャイン60 14階
　　　　　電話　03-5957-7103

©Carabiner　　Printed in Japan

本書の内容についてのご質問は「書名、質問事項（ページ、内容）、お客様のご連絡先」を明記のうえ、
郵送、FAX、ホームページお問い合わせフォームから小社へお送りください。
回答にはお時間をいただく場合がございます。また、電話によるお問い合わせ、本書の内容を超えた
ご質問にはお答えできませんので、ご了承ください。
本書に関する正誤等の情報は、小社ホームページもご参照ください。

【内容についての問い合わせ先】
　書　面　〒170-6014 東京都豊島区東池袋3-1-1 サンシャイン60 14階
　　　　　高橋書店編集部
　FAX　03-5957-7079
　メール　小社ホームページお問い合わせフォームから　(https://www.takahashishoten.co.jp/)

【不良品についての問い合わせ先】
　ページの順序間違い・抜けなど物理的欠陥がございましたら、電話03-5957-7076へお問い合
　わせください。ただし、古書店等で購入・入手された商品の交換には一切応じられません。